启真馆 出品

行为经济学研究方法与实例

叶航 卢新波 主编

李燕 / 著

人类合作之谜新解：

基于社会网络与仿真
实验的研究

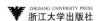

ZHEJIANG UNIVERSITY PRESS
浙江大学出版社

总　序

叶　航

　　我们有幸正在目睹并亲历一场革命，库恩意义上的经济学"范式革命"。

　　托马斯·库恩（Thomas S. Kuhn，1922—1996）在《科学革命的结构》中将科学理论的发展归纳为"常规状态"（Normal Science）、"反常"（Anomaly）、"危机"（Crisis）与"革命"（Scientific Revolutions）四个阶段，而"范式转换"（Paradigm Change）则是科学革命的关键标志。库恩所谓的"范式"（Paradigm）是指"某个科学共同体在一段时期内公认为是进一步实践的基础，它们包括定理、理论、应用和仪器在一起——为特定的连贯的科学研究的传统提供模型"。[①]库恩阐释说，当科学理论处于"常规状态"时，某科学共同体内部成员已就解释该领域的现象达成一致共识和信念，除了在教科书中，他们无须为每一个基本概念进行辩护，从而可以把自己的注意力集中在那些相对细致、相对深奥的问题上；[②]随着科学理论进一步发展，人们发现有些现象无论怎么努力都无法纳入原有范式，这时科学理论就进入所谓"反常"阶段；[③]随着反常现象不断积累，当科学家们意识到如果没有大规模的范式破坏就无以改变这种处境时，科学理论就进入"危机"阶段；[④]库恩把"危机"看作新理论出现的前提，因为"一个科学理论，一旦达到范式的地步，要宣布它无效，就必须有另一个合适的候选者取代它的地位才行"。对整个科学共同体来说，导致科学家拒斥先前已经接受的理论范式，总是同时伴随着是否准备接受另一个理论范式

---

①　托马斯·库恩：《科学革命的结构》（第四版），金吾伦、胡新和译，北京大学出版社，2012年11月第2版，第8页。

②　托马斯·库恩：同上，第16~20页。

③　托马斯·库恩：同上，第44~55页。

④　托马斯·库恩：同上，第56~65页。

的决策，只有经历了"危机"的炼狱，科学理论才会为自己的重生迎来"革命"。①"革命"一词通常被用于政治领域，库恩认为，当它被用于科学领域时，二者存在着非常大的相似性："政治革命通常是由于政治共同体中某些人逐渐感到现存制度已无法有效应付当时环境中的问题而引发的"，同样，"科学革命也起源于科学共同体中某一部分人逐渐感觉到他们无法利用现有范式有效地探究自然界的某一方面"，因此"在政治发展和科学发展中，那种能导致危机的机能失灵的感觉都是造成革命的先决条件"。②

整个20世纪前半叶，当代主流经济学在马歇尔新古典经济学的基础上取得一系列辉煌胜利。经济学逐步形成一个公理化的"理性经济人假设"体系，并以此基点为包括个人、企业、政府在内的经济主体建立起相对稳定的偏好排序，进而根据"显示偏好"理论推导出的效用函数计算每个经济主体的最优效用，从而为各种经济行为提供分析与决策的依据。这就是主流经济学建构的"理论范式"，其逻辑之严密、形式之精致堪与物理学媲美，被誉为"社会科学皇冠上的明珠"。但正如库恩指出的，人类思想史业已表明，任何科学理论在发展过程中都会被解释力更强、解释范围更广的理论体系所超越，它是人类认知水平不断深化的体现。过去一百年，这种超越在物理学中起码出现过三次，即相对论对经典力学的超越，量子力学对相对论的超越，以及目前仍在探索中的弦论对量子力学的超越。当然，这种超越不是一般意义上逻辑演绎过程的超越，它首先体现在对旧理论、旧范式的逻辑前提即它的基本假设的质疑和超越。

当代主流经济学的"研究范式"事实上是一个仿照自然科学的建构模式、建立在"理性经济人假设"公理体系基础上的逻辑演绎系统，它以全称命题的形式包含两个极强的预设：第一，人的行为是"理性"的；第二，人的行为是"自利"的。但20世纪60年代

---

① 托马斯·库恩：《科学革命的结构》（第四版），金吾伦、胡新和译，北京大学出版社，2012年11月第2版，第67~68页。
② 托马斯·库恩：同上，第79页。

以后，随着行为经济学与实验经济学的崛起与发展，"理性经济人假设"面临着日益严峻的挑战。行为经济学家通过严格控制条件下可重复、可预测的行为实验发现了大量无法被主流经济学"研究范式"解释的"异象"（Anomalies），也就是库恩所说的"反常"现象。这些"异象"主要包括：第一，人们的行为显著违背了"理性经济人假设"中一致性公理的要求，例如人们行为决策过程中存在着系统性的偏好逆转、损失厌恶、后悔厌恶、框架效应、禀赋效应、锚定效应、羊群效应、时间偏好不一致性，等等；第二，人们的行为显著违背了"理性经济人假设"中自利原则的要求，例如人们在囚徒困境和公共品博弈中的合作行为、最后通牒博弈中的拒绝行为、独裁者博弈中的给予行为、公地悲剧博弈中的自组织行为、信任博弈中的信任和可信任行为、礼物交换博弈中的馈赠和报答行为、第三方制裁博弈中的利他惩罚行为，等等。根据这些在可控制、可重复、可预测的行为实验中观察到的系统性偏差，行为经济学家认为，人的行为不仅具有"理性"和"自利"的一面，而且也包含着"非理性"和"非自利"的成分。在这个对人的行为描述更加全面的"理论范式"中，主流经济学的"理性经济人假设"只是一个特例。

面对行为经济学的挑战，主流经济学家在相当长的时间内表现得不屑一顾。他们的反驳主要基于两条理由：首先，那些通过行为实验发现的非理性、非自利行为只是一些"噪声"，或者是一些偶然发生的决策错误，在更大的样本观察中，它们会以"随机项"的形式互相抵消，从而不会改变"理性经济人假设"模型的基本判断。其次，从人的行为到心理状态至多是一种推测，并不构成对"理性经济人假设"的证伪；例如，当一个人不惜自己承担成本去惩罚团队中的搭便车者时，人们既可以把它归因为"利他惩罚"，也可以把它归因为嫉妒或报复；当一个人进行慈善捐赠时，人们既可以把它归因为某种"利他主义"行为，也可以把它归因为一种对"声誉效应"或"广告效应"的追求。因此，对行为做出的心理推测只是一种主观臆断，不能作为科学研究的依据。正如萨缪尔森当年曾经断言："效用或偏好作为一种主观心理状态是观察不到的，经济学家所能看到的只有人们的行为，因此经济学家只关注人的行为。"[①]

但随着科学技术的不断进步，萨缪尔森的担忧今天已不复存在。20 世纪末和 21 世纪初，脑科学领域出现的一个重大突破就是无创的活体大脑观察技术，神经科学家现在已经可以深入包括人在内的生物大脑内部，观察和研究大脑在思维、认知和决策过程中所表现出来的基本状态和特征。神经经济学（Neuroeconomics）就是在这样的背景下诞生的，它为行为经济学家提供了一种全新的技术工具，可以用来回应主流经济学家的上述反驳。2004 年，苏黎世大学行为经济学家恩斯特·费尔（Ernst Fehr）及其团队进行了一场著名的神经实验，揭示出利他惩罚是由人类大脑中自我奖赏系统所驱动的。这一研究表明，利他惩罚行为无须外部利益驱动，惩罚者可以从行为本身获得自我激励。这一研究成果以封面文章的形式发表于 2004 年 8 月的《科学》杂志。[②]2006 年，美国认知神经科学家乔治·摩尔（Jorge Moll）带领团队对慈善捐赠做了深入研究，结果发现在完全匿名条件下进行捐赠的被试所激活的也是人类大脑中的自我奖赏系统，而在考虑声誉或广告效应条件下捐赠的被试所激活的则是负责理性计算的前额叶皮层，从而严格区分出人类利他行为和自利行为的不同神经基础。该文发表在 2006 年 10 月出版的《美国科学院院报》上。[③]最近十多年来，行为经济学家通过神经实验已经清晰定位了人类绝大多数非理性和非自利行为的脑区并阐明了它们的神经机制，其中包括我们浙江财经大学经济行为与决策研究中心（CEBD）

---

① Samuelson P. *Foundations of Economic Analysis*. Cambridge: Harvard University Press, 1947, 24–32.

② Quervain J F D, Fischbacher U, Treyer V, et al. The Neural Basis of Altruistic Punishment[J]. *Science*, 2004, 305(5688):1254–1258.

③ Moll J, Krueger F, Zahn R, et al. Human Front-Mesolimbic Networks Guide Decisions about Charitable Donation[J]. *Proceedings of the National Academy of Sciences of the United States of America*, 2006, 103(42):15623–15628.

团队对风险偏好[①]、损失厌恶[②]、道德困境[③]、信任和利他行为[④]所做的一系列神经实验研究，从而将行为经济学对"理性经济人假设"的批判，从一个单纯的"行为—心理"层面推向更微观、更具实证性的"大脑—神经元"层面，为人们科学地认识人类的经济行为与经济决策提供了坚实的基础。这些研究表明，行为经济学家发现的人的非理性、非自利行为并非只是一种随机扰动的"噪声"或偶然发生的"错误决策"，它们实际上是一种本体论意义上的、有着深刻的心理和生理基础的系统性行为模式。

面对新的挑战，主流经济学家不得不采取以守为攻的策略，把进化论作为反驳行为经济学家的最后一道防线。他们质疑人类的非理性和非自利行为何以能通过自然选择而留存下来，因为非理性和非自利行为往往会降低行为主体在演化过程中的"适应度"（fitness），从而被严酷的生存竞争所淘汰。他们怀疑：一种不能在进化过程中取得稳定存在的生物性状，是否有资格作为论证的武器来证伪"理性经济人假设"？正如英国著名演化生物学家理查德·道金斯（Richard Dawkins）在《自私的基因》一书中所说，"成功的基因有一个最突出的特性，就是它无情的自私性。这种基因的自私性常常会导致个体的自私性"，"如果你认真地研究了自然选择的方式，你就会得出结论，凡是经过自然选择进化而产生的任何东西，都应该是自私的"。[⑤]这样的观点与主流经济学家的思想如出一辙。比如张五常在《经济解释》

① Ye H , Chen S , Huang D , et al. Modulating activity in the prefrontal cortex changes decision-making for risky gains and losses: A transcranial direct current stimulation study. *Behavioural Brain Research*, 2015, 286:17–21.

② Ye H , Chen S , Huang D , et al. Transcranial direct current stimulation over prefrontal cortex diminishes degree of risk aversion. *Neuroscience Letters*, 2015, 598:18–22.

③ Hang Y , Shu C , Daqiang H , et al. Modulation of Neural Activity in the Temporoparietal Junction with Transcranial Direct Current Stimulation Changes the Role of Beliefs in Moral Judgment. *Frontiers in Human Neuroscience*, 2015, 9.

④ Haoli Z , Daqiang H , Shu C , et al. Modulating the Activity of Ventromedial Prefrontal Cortex by Anodal tDCS Enhances the Trustee's Repayment through Altruism[J]. *Frontiers in Psychology*, 2016, 7.

⑤ Dawkins R. *The Selfish Gene*. New York City: Oxford University Press, 1976: 3–5.

一书中说："经济学的基础假设是：每个人的行为都是自私自利的。那就是说，每个人都会为自己争取最大的利益，无论是勤奋、休息、欺骗、捐钱……都是以自私为出发点。"[①]

面对这种质疑和反驳，行为经济学家不得不为他们发现的非理性和非自利行为寻找演化论的依据。但他们碰到的一个重大困难是如何为演化过程建模。因为演化的一个重要特性是"随机性"，包括行为主体内部的随机变异和来自外部环境的随机扰动。在复杂系统中，演化过程的随机性虽然会导致某种确定性的"秩序涌现"；但对这类复杂系统的"涌现"现象，一般不可能在数学上给出解析性的描述。20世纪末，经济学引入计算机仿真模拟技术来研究这类复杂系统，并由此诞生了一门新兴的学科——计算经济学（Computational Economics）。21世纪初，行为经济学家开始运用仿真实验研究经济行为的演化问题，并取得许多重大发现。[②]例如，2001年，罗伯特·艾克塞罗德（Robert Axelrod）及其团队开创性地通过计算机仿真模拟揭示了囚徒困境博弈中的合作机制。[③] 2004年，美国桑塔费学派经济学家萨缪·鲍尔斯（Samuel Bowles）和赫伯特·金迪斯（Herbert Gintis）通过计算机仿真模拟研究了人类强互惠行为演化均衡的实现。[④] 2007年，哈佛大学演化动力学家马丁·诺瓦克（Martin A. Nowak）及其团队通过基于个体行为建模（Agent-based Model）的计算机仿真模拟发现了合作行为及利他惩罚演化均衡的内在机理[⑤]，2015年，台湾政治大学计算经济学家陈树衡（Chen S. H.）通过社会网络建模（Social network-based Model）的计算机

① 张五常：《经济解释》，香港：花千树出版社，2001年，第23页。

② 叶航：公共合作中的社会困境与社会正义——基于计算机仿真的经济学跨学科研究，《经济研究》，2012年第8期。

③ Riolo R L, Cohen Michael D, Axelrod Robert. Evolution of cooperation without reciprocity[J]. Nature, 2001, 414(6862):441-3.

④ Bowles S, Gintis Herbert. The evolution of strong reciprocity: cooperation in heterogeneous populations[J]. *Theoretical Population Biology*, 2004, 65(1):17-28.

⑤ Hauert C , Traulsen A , Brandt H , et al. Via Freedom to Coercion: The Emergence of Costly Punishment[J]. *Science*, 2007, 316(5833):1905-1907.

仿真模拟研究了人类信任行为和可信任行为演化均衡的机制[1]，其中也包括我们浙江财经大学经济行为与决策研究中心（CEBD）团队通过个体行为建模（Agent-based Model）和社会网络建模（Social network-based Model）的计算机仿真实验对公共品博弈[2]、二阶社会困境[3]、囚徒困境空间博弈中人类合作行为演化均衡[4] 等方面的研究。这些研究对我们理解人类的非理性和非自利行为给出了终极的演化论解释，有力地支持了行为经济学对主流经济学"理性经济人假设"的批判。这些研究表明，人类大脑和心智中的"偏好"是"演化"过程中自然选择内化的结果；从"行为"到"偏好"，从"偏好"到"演化"，是行为经济学对主流经济学研究范式进行批评、置疑和超越过程中一个完整的"证据链"；离开中间的任何一个环节，由行为经济学家所主导的经济学"范式革命"都将是不完备的。

库恩曾经指出，一个科学理论的"研究范式"，不但包含了它的基础假设、基本定律、基本命题及相关的应用分析模式，而且也包含着它在研究过程中所使用的特定的研究方法，即它的研究手段和技术工具。[5] 从某种意义上说，正是科学技术发展所导致的新的研究手段和技术工具的出现，才使我们得以发现旧范式无法解释的"异常现象"。在物理学和天文学中，许多"异常现象"的发现都依赖于电子显微镜、天文望远镜和粒子加速器技术的突破。因此，从行为实验到神经实验，从神经实验到仿真实验的发展，本身就是行为经济学"范式革命"逐步取得成功的重要标志，它们是行为经济

---

[1] Chen S H, Chie B T, & Zhang, T. Network-based trust games: an agent-based model[J]. *Journal of Artificial Societies and Social Simulation*, 2015. 18(3), 5.

[2] Ye H , Tan F , Ding M , et al. Sympathy and Punishment: Evolution of Cooperation in Public Goods Game[J]. *Journal of Artificial Societies & Social Simulation*, 2011, 14(14):20.

[3] Ye H , Chen S , Luo J , et al. Increasing returns to scale: The solution to the second-order social dilemma[J]. *Scientific Reports*, 2016, 6(1):31927.

[4] Li Y, Ye Hang. Effect of the migration mechanism based on risk preference on the evolution of cooperation[J]. *Applied Mathematics & Computation*, 2018, 320:621-632.

[5] 托马斯·库恩：《科学革命的结构》（第四版），金吾伦、胡新和译，北京大学出版社，2012 年 11 月第 2 版，第 8 页。

学家的电子显微镜、天文望远镜和粒子加速器。作为行为经济学特有的研究方法和技术工具，行为实验对应着行为经济学家对行为范式的探索研究，神经实验对应着行为经济学家对偏好范式的探索研究，仿真实验对应着行为经济学家对演化范式的探索研究；在此基础上，它们共同构筑起整个行为经济学理论大厦，为经济学的"范式革命"提供创新的元素和质料。21 世纪以来，作为行为经济学三大研究方法和技术工具的行为实验、神经实验和仿真实验本身，也在不断地进行深化和发展。比如，为了解决实验室实验（Laboratory Experiment）的外部有效性问题，行为实验发展出了田野实验（Field Experiment）的分析技术；为了解决脑成像（Brain Imaging）的因果推断问题，神经实验发展出了脑刺激（Brain Stimulation）的分析技术；为了解决个体行为建模（Agent-based Model）的社会关联问题，仿真实验发展出了社会网络建模（Social Network-based Model）的分析技术。因此，目前行为经济学的研究方法和技术工具事实上包含着以行为实验、神经实验、仿真实验为代表的"三大领域"，以及以实验室实验、田野实验、脑成像、脑刺激、个体行为建模、社会网络建模为代表的"六个具体方向"，它们对行为经济学整个学科体系的研究范式起着极为重要的支撑作用，如下图所示：

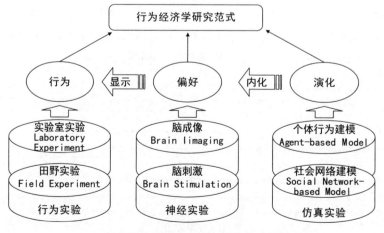

行为经济学研究方法与研究范式的关系

浙江财经大学经济行为与决策研究中心（Center for Economic Behavior and Decision-making，CEBD）目前是国内唯一一家在行为经济学研究方法"三大领域"和"六个方向"上都具备研究能力并同时开展研究的科研机构和科研团队。CEBD 的前身是浙江大学跨学科社会科学研究中心（Interdisciplinary Center for Social Sciences，ICSS）。2003 年，我与汪丁丁教授、罗卫东教授一起创建了 ICSS，把通过科学实验手段探索和推动经济学基础理论与研究方法的创新作为一个主要突破方向。近 20 年来，该团队培养了40 多名既经过主流经济理论严格训练，又具有批判精神和跨学科视野的优秀博士和博士后，他们在《经济研究》《管理世界》《世界经济》《经济学季刊》《心理学报》等国内重要期刊发表相关论文60 余 篇， 在 *Scientific Reports*、*Frontiers in Psychology*、*Journal of Artificial Societies and Social Simulation*、*Behavioural Brain Research*、*Theory and Decision*、*Macroeconomic Dynamics*、*Journal of Economic Dynamics & Control*、*Economics Letters*、*Economics Bulletin* 等 国 际知名 SSCI 和 SCI 期刊发表相关论文 40 余篇；出版相关专著和译著20 余部，主持或参加了包括国家社科重大项目、重点项目和一般项目，国家自科面上项目和青年项目，教育部后期资助重大项目、一般项目和青年项目在内的各类研究课题 50 余项；获得教育部人文社科优秀成果奖、中国大学出版社图书奖、省市哲学社会科学优秀成果奖等各类学术奖励 20 余项。从 2006 年以来，我开始对招收的硕士研究生和博士研究生实行定向分类的指导与培养，分别侧重于实验室实验、田野实验、脑成像实验、脑刺激实验，以及基于个体行为建模和社会网络建模的计算机仿真实验，逐步在行为经济学研究方法的"三大领域"和"六个方向"上实现了全覆盖。

2015 年，由于许多优秀博士生面临就业问题，我无力将他们全部留在浙江大学，于是在浙江省特级专家王俊豪老校长的大力支持下，浙江财经大学整体引进了我们团队。2016 年，浙江财经大学经济行为与决策研究中心（CEBD）正式成立。2017 年，CEBD 获批浙江省哲学社会科学 A 类重点研究基地，由我出任基地学术委员会主席兼首席专家，浙江财经大学党委副书记、理论经济学学科负责人卢新波教授出任基地主任，我的学生罗俊副教授和姜树广博士任基地副主任。2019 年 4 月，首届中国行为与实验经济学论坛在浙江财经大学成功召开。该论坛由《经济研究》编辑部、中国人民大学经济学院、清华大学经济管理学院、南开大学商学院、暨南大学经济学院、上海财经大学经济学院、浙江财经大学经济行为与决策研究中心和南京审计大学泽尔滕经济学实验室共同发起，来自剑桥大学、加州大学圣地亚哥分校、新加坡南洋理工大学、诺丁汉大学等海外知名大学，以及清华大学、北京大学、浙江大学、中国人民大学、复旦大学、上海交通大学、北京师范大学、南开大学、武汉大学、山东大学、厦门大学、上海财经大学、中山大学、暨南大学、华东师范大学、上海外国语大学等国内顶级大学的 260 余位专家学者分别围绕个体行为决策、行为博弈、市场设计、田野实验、行为金融、神经经济学等主题，展开了热烈的学术交流和讨论。在大会主会场上，我以论坛首任主席的身份做了"理论建构：行为经济学的使命"的主旨报告，系统梳理了行为经济学过去的发展历程、目前的发展困境及未来的发展方向。我在报告中指出，行为经济学基于对传统的经济学"理性假设"和和"自利假设"的挑战，发展了行为实验、神经实验和仿真实验等新的研究方法，但仍面临缺乏简洁的逻辑起点和一致的逻辑解释等主要困境。我认为，要最终完成经济学的范式革命，行为经济学应该将行为人假设、行为博弈假设、演化均衡假设纳入公理体系，利用量子概率论的叠加原理把理性与非理性、自利与非自利等对立的行为融为一个分析系统，构建一个新的经济学逻辑框架。量子概率论与经典概率论的区别在于，它以波的形式描述两种（或 n 种）不同概率事件相互纠缠的叠加状态，从而在经典概率论的全概率公式之外引入一个叠加项；由于叠加项可以大于零或小于零，因此量子概率的计算结果会与经典概率产生偏移，而这种偏移却可以在很大程度上解释经典概率论无法解释的异象。如果叠加项取值为零，量子概率则蜕化为经典概率。因此，经典概率论只是量子概率论的一个特例。这一特性表明，建立在量子概率论基础上的经济学新范式将把传统的主流经济学作为一个特例包含在内，其关系就如爱因斯坦的相对论与牛顿的经典力学一样，从而使这一新的理论范式既能解释传统经济学可以解释的现象，也能解释传统经济学无法解释的异象。

　　CEBD 的宗旨是：秉持批判精神与跨学科视野，致力于通过科学实验手段（包括行为实验、神经实验和仿真实验）探索经济学基础理论与研究方法的创新，推动经济学研究范式的革命。目前，CEBD 拥有全职研究人员 22 名，海外和国内知名大学的特聘或兼职研究人员 8 名，全职博士后研究员 6 名，全日制脱产攻读学位的硕、博研究生 12 名。中心拥有一个占地 250 平方米和 50 个封闭隔间的"神经与行为经济学实验室"（Neuro & Behavior EconLab），以及包括研究生和博士后工作室、电子阅览室、讨论室、会议室在内的研究空间 600 余平方米。中心配备了功能性近红外脑成像仪（fNIRS）两台、64 通道 EEG 相关电位脑记录仪三台、VR 虚拟现实与生物反馈系统两台（套）、多导生理记录仪两台（套）、桌面眼动仪三台、经颅直流电刺激仪（tDCS）10 台（套），以及用于计算机仿真的大型服务器和数据存储设备等行为科学、心理科学、认知科学、神经科学和计算机科学的基础研究设备。

　　出版"行为经济学研究方法和实例丛书"是 CEBD 计划在 2019—2020 年度完成的一项重要学术任务，丛书编辑的宗旨是："通过丰富、具体的研究实例，向读者全面介绍包括行为实验、神经实验和仿真实验在内的三大领域，以及包括实验室实验、田野实验、脑成像实验、脑刺激实验、个体行为建模仿真实验、社会网络建模仿真实验在内的六个方向为代表的行为经济学前沿研究方法，从而探索和推动经济学基础理论的创新与经济学研究范式的革命。"该丛书精选了 CEBD 八位优秀博士生的博士学位论文，并在这些博士论文的基础上经过作者全面和认真的修订而成。丛书研究的具体内容

涉及互惠、利他、公平、信任、合作、风险偏好、损失厌恶、禀赋
效应、身份标签、群体偏向、器官捐献和宗教信仰等行为经济学的
基本议题。通过阅读和学习，我们希望有志于行为经济学研究的读
者能够全面了解并掌握行为经济学的前沿研究方法，能够独立地或
以团队形式完成相关的行为经济学研究。为了达成这一目的，我们
在每本书的附录中尽可能详尽地向读者提供有关的实验设计、实验
步骤、实验材料和实验的原始数据，以及相关的 Z-tree、MatLab 和
NetLogo 等实验程序编写的源代码。我们希望该丛书能够成为一套
指导行为经济学研究的实验指南和实验手册，从而推动我国行为与
实验经济学的发展。

2019 年 10 月

于杭州下沙高教园区丽泽苑

自 序

——网络视角下的合作演化

社会何以可能是社会科学的基本问题，而合作何以可能是行为经济学的基本问题。2005年，人类合作行为如何演进这一社会科学问题成为《科学》杂志在创刊125周年之际由全世界最优秀的科学家提出的25个大问题之中的一个。人与人之间的合作，是人类文明社会的基础，普遍存在于社会生活中。但从进化论的角度看，为什么这种带有利他主义的行为能够保留下来，仍然是一个未解之谜。社会中人与人之间的交互可以用一个庞大的网络结构来刻画，社会网络为解释合作之谜提供了新的视角和研究方向。

20世纪90年代以来，以互联网为代表的信息技术的迅猛发展使人类社会大步迈向了网络时代。在我们的社会和经济生活中网络普遍存在，并且发挥着重要的作用，特别是在信息的传递中扮演着重要的角色（Jackson, 2010）。诸如，万维网和因特网已经是我们生活中不可缺少的一部分；生物网络中新陈代谢反应网络、食物链网络；社会网络中的熟人网络、电影演员合作网络、高校研究者合作网络等，基于社会网络的分析范式也越来越成熟。网络具有庞大性、复杂性和非线性无法给出数学解析解的特征，随着计算机技术的迅速发展，仿真实验的研究方法应运而生，仿真实验面对网络的复杂性显示出了巨大的优势。基于网络的仿真实验为研究合作涌现提供了强而有力的视角。

本书从网络结构和个体迁徙的视角出发，以演化博弈论作为理论工具，以基于主体的网络仿真实验作为研究方法，探讨了网络上囚徒困境博弈中合作行为的演化。全书分7章，主要研究内容如下：

第1章为导论部分，主要介绍本书的研究背景、研究内容和研究框架。第2章概述网络理论和仿真实验的相关概念及其发展。第3章回顾了基于网络视角对合作行为研究的相关文献。接下来第4

到第 6 章为应用仿真实验方法探讨合作演化的三个实例，其中，第 4 章探究了考虑迁徙成本变量下的"近君子，远小人"迁徙机制对合作演化的影响，并进一步分析了网络结构的动态演化；第 5 章探究了基于风险偏好的个体迁徙对网络囚徒困境博弈中合作解的影响，本章主要考虑了行为个体同质性风险偏好和异质性风险偏好两种情况下的合作策略演化；第 6 章研究了基于社会福利的个体迁徙和合作演化之间的关系，应用仿真实验的方法研究了网络囚徒困境博弈中古典效用主义的社会福利函数（Utilitarian SWF）、贝尔努利 – 纳什社会福利函数（Bernoulli–Nash SWF）和罗尔斯社会福利函数（Rawlsian SWF）三种不同社会福利函数的迁徙模式对合作演化的影响。第 7 章概述了本书的主要结论并探讨了未来可能的研究方向。

本书能够得以顺利出版，得益于"浙江省哲学社会科学规划课题（19NDQN335YB）"与浙江财经大学经济行为与决策研究中心（CEBD）的资助。本书能够如期完成，离不开我的导师叶航教授的督促和悉心指导，叶航教授更是在本书所使用的研究方法和研究内容上给我诸多的启示。

本书的顺利出版也得到了卢新波教授、胡亦琴教授、王正新教授的大力支持。我的同门陈叶烽、贾拥民、罗俊、郑恒、纪云东、张弘、郑昊力、黄达强、汪思绮、郭文敏、陈姝也为本书的编写提供了诸多的宝贵建议。在本书编写期间，我在南洋理工大学经济系进行访学，本书的顺利完成也得益于我在南洋理工大学经济增长中心（EGC）的合作导师包特教授的支持。

感谢我的家人给予我的无私关爱与支持。我的父亲和母亲总是积极地鼓励我、支持我；我的先生多次帮我阅读书稿，为我书稿的完善提供了巨大帮助。谢谢为我提供帮助的你们！谨以此书献给你们！

李　燕

2019 年 8 月 31 日

于新加坡南洋理工大学

目　录

第 1 章　导论 1

1.1 合作之谜 1

1.2 合作解谜 2

1.3 研究内容与框架 4

第 2 章　基于网络的仿真实验介绍 7

2.1 引言 7

2.2 网络理论发展及应用概述 8

2.3 网络基本属性和类型的概念 9

2.4 仿真实验与计算经济学的方法介绍 15

2.5 仿真实验的技术工具——Netlogo 17

2.6 基于网络结构的仿真实验在经济学中的应用 25

第 3 章　网络结构视角下的合作演化研究综述 27

3.1 网络结构对合作演化影响的研究 28

3.2 博弈动力学机制对合作演化的影响研究 35

3.3 网络结构与合作行为的共生演化研究 42

第 4 章　基于"近君子，远小人"的迁徙机制对合作演化的影响 51

4.1 迁徙成本 51

4.2 相关文献回顾 53

4.3 基于"近君子，远小人"的个体迁徙演化模型 54

4.4 仿真结果分析 57

4.5 "近君子，远小人"促进合作演化 73

第 5 章　基于风险偏好的个体迁徙对合作演化的影响 76

5.1 风险偏好 76

5.2 相关文献回顾 77

5.3 基于风险偏好的个体迁徙演化模型 79

5.4 仿真结果分析 83

5.5 风险偏好影响合作水平 105

第 6 章　基于社会福利的个体迁徙驱动合作演化 108

6.1 社会福利 108

6.2 相关文献回顾 110

6.3 社会福利函数与网络囚徒困境演化博弈模型 112

6.4 仿真结果分析 115

6.5 基于社会福利的迁徙影响合作演化 130

第 7 章　结论与展望 132

7.1 本书主要结论 132

7.2 进一步的研究方向 135

参考文献 137

附　录 162

索　引 176

中英文人名对照表 181

第 1 章　导论

1.1　合作之谜

基于人是自利的，囚徒困境告诉我们背叛者的收益高于合作者的收益，纳什均衡策略为背叛，在囚徒困境中背叛永远是占优的，不可能出现合作；种群的演化动力学方程也证明了，在囚徒困境博弈中，合作者在适者生存的自然选择中将被淘汰出局（Nowak，2009）。道金斯在《自私的基因》中指出，人生来是自私的（Dawkins，2006）。然而不论是在生物学还是社会学中，合作现象仍然是普遍存的，这是合作之谜。

无论是狩猎—采集社会中部落之间的共同捕猎和共同劳作，还是现代社会中形成的复杂而有序的社会秩序，都是依赖于合作而存在。人类的利他行为和合作如何涌现出来这一问题成为近十几年经济学、生物学以及物理学研究的热点（Colman，2006；Gintis 等，2003；叶航，2012；Sally，2001；汪丁丁，罗卫东和叶航，2005；黄璜，2013；石磊和王瑞武，2010；Wang 等，2018；Santos 等，2012；Macy 等，1998；Goyal 等，2005；Realpe-Gómez 等，2018）。在经济学中解决此问题最常用的是俗定理（folk theorem），俗定理是用来解释无限次重复博弈中的合作涌现（Friedman，1971；Fudenberg and Maskin，1986），并不能反映现实中人类的交往，尤其是单次交往过程中产生的合作行为。对人类合作演化问题的探讨需要演化生物学

家、计算机学家、神经科学家、经济学家共同协作来研究。2005 年，
人类合作行为如何演进这一社会科学问题成为《科学》杂志在创刊
125 周年之际由全世界最优秀的科学家提出的 25 个大问题之中的一
个（黄少安和张苏，2013）。对合作演化问题的研究成为近几十年的
最重要的议题之一，因此，对合作问题研究的重要性和必要性已经
不言而喻。

1.2 合作解谜

国内学者对于合作之谜进行了综述性和解析性的探讨。汪丁丁
等（2005）从跨学科的视角谈论了人类合作秩序的起源与演化。
黄少安和张苏（2013）从合作与合作均衡的定义、合作决策的脑
神经基础、合作个体的异质性、合作动机以及合作环境五个方面
对合作演进的原因进行了综述与评论。韦森（2007）介绍并评论
了阿克斯罗德重复囚徒困境的博弈论试验，并基于此探究了合作
的演化和合作的复杂性。王覃刚（2010）从演化经济学的角度探
究了社会合作的起源问题。叶航（Ye 等，2011；叶航，2012）应
用仿真实验的方法研究了公共品合作中的二阶社会困境问题，研
究表明在公共品合作中，只要公共品的回报足够大，惩罚行为就
能演化出来，有效解决了二阶社会困境的问题。韦倩和姜树广
（2013）应用计算机仿真的方法探讨了惩罚成本—惩罚力度比率对
合作演化的影响，结果表明较低的惩罚成本有利于惩罚者的演化
从而促进了合作行为的涌现。陈叶烽（2010）应用行为实验的方
法，验证了亲社会行为的存在性。连洪泉（2014）基于行为实验
的方法讨论了惩罚对合作行为的影响。

20 世纪 90 年代以来，以因特网为代表的信息技术的迅猛发展使
人类社会大步迈向了网络时代。在我们的社会和经济生活中网络普
遍存在，并且发挥着重要的作用，特别是在信息的传递中扮演着重
要的角色（Jackson，2010）。例如万维网和互联网已经是我们生活中

不可缺少的一部分；生物网络中新陈代谢反应网络、食物链网络；社会网络中的熟人网络、电影演员合作网络等。基于社会网络的分析范式（Ule，2008；Bala，2000；Skyrms 等，2009；李湘露，2012）也越来越成熟。2006 年，Nowak 提出了研究合作演化问题的五种视角（Nowak，2006）：亲缘选择、直接互惠、间接互惠、群体选择以及空间互惠。亲缘选择（Hamilton，1964）用来解释具有亲缘个体之间的合作行为；直接互惠（Trivers，1971）用来解释多次囚徒困境博弈中的合作行为；间接互惠（Nowak and Sigmund，1998）用来解释基于声誉机制出现的合作行为；群体选择（Wilson，1975）是从群体的角度出发解释合作行为。但是以上这些并没有解释单次囚徒困境博弈中的合作出现的原因。基于网络结构的视角探究合作演化试图去寻找合作的由来。空间结构也称为社会网络，基于社会网络视角分析合作演化（Nowak，1992；Perc 等，2008；Eguíluz 等，2005）成了一个重要分支，社会网络能够促进合作涌现的重要原因是网络结构为形成合作者的团簇（clusters）提供了便利的条件，而个体迁徙是促使合作者团簇形成的重要机制之一。

个体迁徙对群体的合作水平的作用是一枚硬币的两面。一方面行为个体中的合作者可以通过迁徙逃避背叛者，向合作者的团块移动，促使合作团块的蔓延，从而有利于合作水平的提高（Vainstein 等，2007）；另一方面行为主体中的背叛者同样也可以通过移动趋向合作者而得到较高的收益，从而导致合作的瓦解（Enquist 等，1993）。在不同的条件或不同的机制下，迁徙对合作演化的结果或许会产生不同的作用，这使得关于个体迁徙对合作演化影响的研究变得多样化，值得我们对此进行深入讨论。本书基于以上背景，运用仿真实验的方法，在融入个体偏好多样性的基础上探讨不同的个体迁徙机制对网络囚徒困境博弈中合作演化的影响。

合作解谜的研究主要回答以下两个问题：一是哪些因素促使了合作行为的涌现；二是哪些因素又有利于合作行为能够保留下来。社会网络在回答这个问题上起到了重要的作用。基于社会网络探究合作演化的目的是找到社会资本即社会网络里有利于合作解出现的那些事情的总和（汪丁丁，2011）。网络上的演化博弈着力于探讨何种网络结构更有利于合作秩序的扩展以及演化机制对网络结构的反馈。本书基于社会网络上的个体迁徙探究合作演化，主要回答以下两个问题：一是网络结构的异质性是如何影响合作演化的；二是影响个体迁徙的因素是如何影响合作演化的。具体来说，主要包括以下几个问题：

（1）在静态网络结构基础上，分析影响合作演化的网络结构的属性，以此为合作占优策略提供一个良好的网络结构类型；

（2）在静态网络结构基础上，分析影响合作演化的博弈个体的异质性，尽可能地将现实问题映射到模型中；

（3）分析基于个体迁徙所实现的策略与网络结构的共生演化，为探讨合作演化提供更广、更丰富的视角。

行为实验验证了合作行为的存在性，神经经济学的理论给出了这种亲社会行为的社会偏好和神经基础；那么，这种亲社会行为是如何演化而来的呢？由于这种行为背后所涉及的复杂因素，不能够给出数学解析解的形式，只能求助于计算机仿真来模拟复杂的随机过程。仿真实验为研究网络上的合作行为提供了强而有力的技术工具。

1.3 研究内容与框架

本书以网络结构作为个体博弈进行的载体，以演化博弈论作为理论工具，以基于主体（Agent）的仿真实验作为研究工具，以网络上囚徒困境博弈中合作解的演化作为研究主题。围绕这一主题，我们以个体迁徙机制为切入点，在网络囚徒困境博弈的演化模型中分别探讨了"近君子，远小人"的迁徙策略、基于风险偏好的个体迁徙和基于社会福利他涉偏好的个体迁徙对合作演化的影响，以上问题的研究一定程度上回答了网络结构中的个体迁徙是如何影响合作演化的。并且通过这三个实例的介绍进一步展现仿真实验的研究范式。本书一共包括七章，具体内容如下。

第 1 章是导论部分。主要包括合作之谜、基于网络结构视角的合作解谜、本书的研究内容与框架三个小节。

在第 2 章中，我们对网络结构和仿真实验进行了概述。主要包括 6 个小节的内容：在 2.1 节介绍了基于网络仿真实验的背景；在 2.2 节中简要概括了网络结构及其在经济学中的应用；在 2.3 节中给出了有关网络属性和类型的基本概念；在 2.4 节中概括了仿真实验与计算经济学的发展；在 2.5 节详细介绍了实施仿真实验的技术工具——Netlogo；在 2.6 节中简要概述了基于网络的仿真实验在经济学中的应用。

在第 3 章中，我们回顾了网络结构中合作演化的相关文献。主要包括 3 个小节：在 3.1 节中分析了网络结构促进合作涌现的原因以及总结了网络结构对合作演化影响的相关文献，主要包括网络结构对合作演化的影响、博弈动力学对合作演化的影响和个体迁徙对合作演化影响；在 3.2 节中回顾了博弈动力学机制对合作演化影响的相关文献，包括演化博弈论的基本概念、网络演化博弈的模型以及博弈动力学对合作演化的影响；在 3.3 节中简要概述实现网络结构与合作策略共生演化的相关研究，重点分析了个体迁徙促使网络结构与合作共生演化的相关文献，包括不同的迁徙机制及影响个体迁徙的不同因素，个体迁徙是实现网络结构与合作策略的共生演化的重要途径之一。

在第 4 章中，开始了我们正式的研究，我们分别在规则网络和小世界网络上探讨了"近君子，远小人"的迁徙机制对合作演化的影响。因为个体在迁徙的过程中，往往不是被单一的因素影响的，我们既要考虑自身的能力，又要考察周围的环境，为此，我们在网络囚徒困境博弈中引入了"近君子，远小人"的迁徙机制，我们假定，当个体的邻居全部是合作者时个体不迁徙，这是"近君子"的行为；只要个体的邻居有背叛者，个体就会以一定的概率进行迁徙，这是"远小人"的行为。为了给出"远小人"的概率，我们建立了基于成本与收益的迁徙速率模型，以此来研究迁徙成本对群体合作水平的作用。仿真结果表明：在较广的参数网络内，"近君子，远小人"的个体迁徙提高了群体的合作水平，为我们理解社会中的合作行为提供了重要的思路。为了验证"近君子，远小人"模型的合理性，我们设计了一个行为实验，实验结果验证了该理论模型。

在第 5 章中，我们探究了基于风险偏好的个体迁徙对网络囚徒困境博弈中合作解的影响。以往的研究中一般都是假定个体在迁徙的过程中是风险中性的，然而在现实生活中，个体的风险偏好类型是多样的，是异质性的。为此，我们在网络囚徒困境博弈中建立了基于风险偏好的个体迁徙模型，通过计算机仿真，模拟了行为群体的动态演化过程，分别探讨了同质性风险偏好和异质性风险偏好对合作演化的影响。仿真结果表明，风险偏好的个体迁徙促进了合作的建立，并且风险偏好的异质程度在合作演化的过程中起到了重要的作用，在适度的参数条件下，实现了合作策略与网络结构的共生演化。

在第 6 章中，我们探讨了基于社会福利的个体迁徙，并应用计算经济学的方法探讨了网络囚徒困境博弈中不同的社会福利函数对迁徙模式和合作演化的影响。在本章中我们应用了古典效用主义（Utilitarian）、贝尔努利-纳什（Bernoulli-Nash）和罗尔斯主义（Rawlsian）社会福利函数，仿真结果显示，每一种福利函数都存在自己的参数范围使得合作涌现或者维持高水平的合作。考虑社会福利是个体他涉偏好的一种体现，因此，我们的工作为理解社会系统中他涉偏好和合作之间的关系提供了有益的帮助，为社会偏好和合作演化之间的研究架起了桥梁，可以为政策制定者提供一定的参考依据。

第 7 章为本书的结论。7.1 节总结了本书主要结论；7.2 节对未来可能的研究方向进行了探讨。

第 2 章　基于网络的仿真实验介绍

2.1　引言

网络结构，从社会科学的角度称之为社会网络，是行为个体进行博弈的载体。各种各样的网络普遍存在于我们的社会和经济生活中，如图 2.1 为美国学校中孩子之间的友谊网络与私人研究机构中科学家之间的合作网络。而且网络在我们的社会生活中扮演着重要的角色，尤其在信息传递方面，例如谣言的传播、行为个体从朋友或同学那里获取的工作信息等，都以网络为媒介。

由于网络的复杂性和非线性，这些问题不能单纯地被简化为数学模型，换句话说，数学模型不能有效解释复杂网络的问题。随着计算机科学技术的快速发展，仿真实验的研究方法应运而生。仿真，顾名思义就是仿照模拟真实世界的效果。仿真实验的研究方法在网络的复杂性和非线性面前，表现出了巨大的优势，为我们探析复杂网络背后的故事提供了强而有力的技术工具。

接下来，我们先对社会网络结构与仿真实验的研究方法进行基本的介绍。

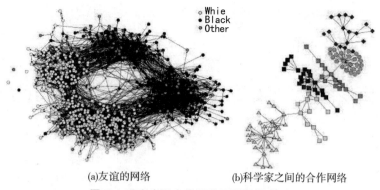

(a)友谊的网络 (b)科学家之间的合作网络

图 2.1 现实生活中的两种不同网络类型

（Newman，2006）

2.2 网络结构发展及应用概述

　　网络结构所要研究的是社会网络中存在的社会关系，它的基本要素包括节点和联结。节点代表参与者；联结表示参与者之间的关系。社会网络结构的研究成熟于 20 世纪 70 年代，主要包括格兰诺维特（Granovetter，1973；1985）的弱关系理论、强关系理论；科尔曼（Coleman，1988）的社会资本理论以及波特（Burt，1992；2000）的结构洞理论等。格兰诺维特在文章中根据互动的频率提出了强弱联结两种概念，并且指出，与强联结相比较，弱联结对于信息的传递更为有效；波特在文章中提出了结构洞的概念，社会网络中存在的个体之间中断的现象被称为"结构洞"。波特结构洞理论是对格兰诺维特弱关系理论的补充；科尔曼将社会资本视为社会网络之间的关系，他认为，一个人的社会资本量与他拥有的社会网络关系数量成正比。20 世纪 90 年代后，随着小世界网络和无标度网络的出现（Watts 等，1998；Barabasi and Albert，1999a），除了以社会网络为研究主题外，涌现出一个新的以统计物理学家为主的对复杂网络的研究。随着以上两种方向的发展，社会网络结构为社会科学的研究提供了重要的依据。

　　社会网络结构同样对经济发展起着重要的作用（裴志军，2010），可以用来研究经济学中的诸多问题，例如金融问题（马光荣和杨恩艳，2011；易行健等，2012；杨汝岱等，2011；胡枫和陈玉宇，2013）、产业经济学的问题（Weisbuch 等，2000；王春超和劳华辉，2014）以及制度演化的问题（李湘露，2012）等。其中基于社会网络的分析范式研究合作演化（Ule，2008；Acemoglu，2010；Bramoullé 等，2007；Jackson 等，2002；Jackson 等，2007；Bala 等，2001；Vega‑Redondo 等，2005；Allouch，2015；Lopez‑Pintado 等，2008；Galeotti 等，2010）是一个重要的研究方向。社会网络上的合作演化着力于研究网络结构如何影响演化行为以及各种演化机制与网络结构的共生演化。接下来，我们先简单了解有关网络的基本知识，这会为我们进一步研究社会网络上的合作演化提供有益的帮助。

2.3　网络基本属性和类型的概念

2.3.1　网络的基本属性

网络是由节点和边两种基本要素构成，节点 i 代表博弈的行为主体，也可称作博弈行为的参与人；边表示个体之间的关联。

假设网络上节点的个数为 N，$i = 1, 2, \cdots, N$。网络的基本属性包括节点的度、平均路径长度、集群系数、社团结构和网络异质性等（Jackson，2010；陈庆华，2006；Newman，2006）。

1）度（degree）

与节点 i 相连的节点的个数 d 称为节点 i 的度，即行为主体 i 的邻居数目。

度分布（degree distribution）：设 $p(k)$ 表示网络上随机选取一点 i 的度数为 k 的概率，则概率分布列 $\{p(k)\}$ 被称为网络的度分布。

度分布的方差（Tsukamoto 等，2010）：

$$\sigma_n^2 = (<k^2> - <k>^2)/<k> \tag{1}$$

其中，$<k>$ 为度的期望。

2）平均路径长度（average path length）

设网络中从一个节点 i 通过连线到达另一个节点 j，所经过的最短路径的边数被称为这两个节点之间的路径长度 l_{ij}，则所有点对的路径长度的平均值为：

$$l = \frac{2}{N(N-1)} \sum_{i<j} l_{ij}$$

l 被称为网络的平均路径长度。

3）集群系数（clustering coefficient）

网络的集群系数定义为一个节点的两个邻居之间也是邻居的概率。直观的，集群系数是网络中三角形个数占连通三点组总个数的比例，网络的集群系数体现了网络的局部特征。设网络上节点 i 的度为 k_i，则节点 i 的 k_i 个邻点之间可能存在的连接边数为 $\frac{k_i(k_i-1)}{2}$，如果这 k_i 个邻点之间实际存在的边数为 E_i，那么它们的比值为：

$$C_i = \frac{2E_i}{k_i(k_i-1)} \tag{2}$$

C_i 被称为节点 i 的集群系数。网络上所有节点的集群系数的平均值为：

$$C = \frac{1}{N} \sum_{i=1}^{N} C_i \tag{3}$$

C 被称为网络的集群系数。

4）正相配性（positive assortativity）

网络的正相配性为相对高的度的节点更为倾向于和其他高的度的节点连接。

5）社团结构（community structure）

网络的社团结构是指整个网络是由若干个"群（group）"或"团（cluster）"构成的。每个群内部的节点之间的连接相对比较紧密，但是各个群之间的连接却比较稀疏。

6）网络异质性

网络异质性体现在网络中有影响力（hub）节点在所有节点中所

占的比例。度分布的方差大小也反映了网络的异质程度（Tsukamoto
等，2010）。

2.3.2 网络的主要类型

合作的演化主要在以下网络上探讨：规则网络（lattice graph）、
随机网络（random network）、小世界网络（the small world network）
和无标度网络（the scale-free network）。

规则网络也称为正则网络或二维方格（见图 2.2），是指节点按
确定的规则连线，所有节点有相同的度的网络。常用的二维方格上
的邻域范围有两种：一是将上、下、左、右四个格子作为邻居的纽
曼（von Neumann）邻域，如图 2.2（a）所示；二是除了上下左右，
还将左上、右上、左下、右下共八个格子作为邻居的摩尔（Moore）
邻域，如图 2.2（d）所示。一般假定，二维方格具有周期性边界条
件（Szabó and Töke，1998），即最上面和最下面、最左边和最右边的
边界是相连的，左边格子与右边格子成为邻居。规则网络是探究合
作演化问题时一种常见的结构类型。

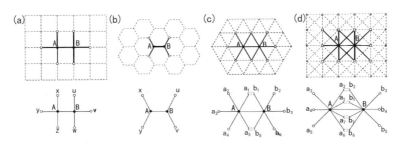

图 2.2 规则网络（Hauert 等，2004）

随机网络见图 2.3（a）：1960 年，厄多斯（Erdos）和瑞尼（Re-
nyi）通过概率论的方法首次研究了纯随机网络的统计性质（Erdos 等，
1960）。随机网络的构造算法如下：给定网络节点总数 N，假定网络中
任意两个节点以独立概率 p 连接，其中 $0<p<1$，此种连接机制形成了
一个二项式模型。随机网络的主要结构特征为：平均路径短和集群系
数小，这是由随机网络的算法决定的。因为在形成随机网络之前总是

先给定节点总数 N，所以随机网络模型为静态网络。

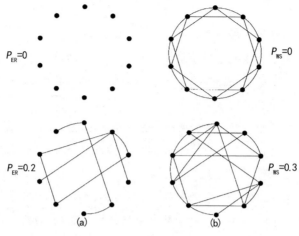

图 2.3 复杂网络

（a）随机网络，节点 $N=10$，任意两个节点之间的连接概率分别为 0 和 0.2；

（b）小世界网络随机化重连的概率分别为 0 和 0.3。（Barabasi 等，1999）

随机网络的度分布为二项分布，近似为泊松（Poisson）分布（Jackson，2011）。给定节点数目 N_i，任意节点 i 的度 d 为 k 的概率分布为：

$$p(d = k) = C_{N-1}^k P^k (1 - P)^{N-1-k} \qquad (4)$$

即 $d \sim b(N-1, P)$。二项分布的期望值即每个节点平均连接的边数为 $(N-1)p$；它的方差即每个节点平均连接边数的浮动范围为 $(N-1)p(1-p)$。因为随机网络的任意两个节点之间的连接概率值都是相等的，所以每个顶点连接的边数差不多，即取值范围比较集中，方差较小。

当 $N \to \infty$，p 比较小，$(N-1)p$ 适中时，二项分布近似为泊松（Poisson）分布：

$$p(k) = e^{-\lambda} \lambda^k / k! \qquad \lambda = (N-1)p \qquad (5)$$

当 $k \to \square$，只要 P 不太靠近 0 或 1，二项分布近似于正态分布。

小世界网络见图 2.3（b）：1998 年，沃茨（Watts）和斯特罗加茨（Strogatz）提出了小世界网络的概念（Watts 等，1998）。小世界网络构造算法如下：

第一，首先给定一个含有 N 个节点、每个节点有 k 条边的一维环状有限规则网络。

第二，在第一步给定的网络基础上以概率 p 随机化重连网络中的每条边。即在一个端点保持不变的情况下随机选择网络中的另一个端点进行重新连接。在重连的过程中保证没有重边和自环。图 2.4（a）显示了规则网络、小世界网络与随机网络之间的联系。

当 $p=0$ 时为规则网络，$p=1$ 时为随机网络。构造此算法的思想是：综合考虑了规则网络的高聚类特性和随机网络的短路径特性，产生了小世界网络的平均路径长度短和集群系数高的特点，如图 2.4（b）所示。小世界网络在给定节点总数 N 的情况下产生，所以仍然为静态网络。小世界网络中，最著名的就是"小世界定理"，即六度分割，它的大致含义是说，世界上任何一个人只需要 5 个中间人就可以认识另一个人（Watts 等，2003；汪丁丁，2011），小世界的特性为合作秩序的演化提供了有利的环境。

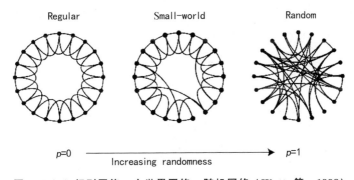

图 2.4（a）规则网络→小世界网络→随机网络（Watts 等，1998）

无标度网络是在 1999 年由巴拉巴西（Barabasi，1999a）提出的。无标度网络思想的关键是把网络的形成理解为动态的演化过程，无标度网络是基于增长与择优连接这两种因素形成的，形成机制如下：

第一，增长：给定初始节点的数目 m_0，在每个时间步长增加一个新节点，连接这个新节点到 $m \leq (m_0)$ 个不同的且已存在的节点上；

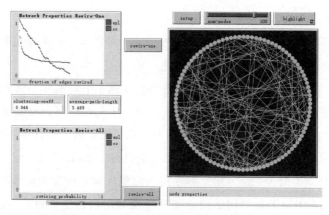

图 2.4（b） Netlogo 中呈现的小世界网络

第二，择优连接：在选择新节点的连接点 i 时，以正比于节点 i 的度 k_i 的概率进行连接，即

$$\Pi(k_i) = \frac{k_i}{\sum_j k_j} \tag{6}$$

经过时间 t 步后，就演化成一个具有 $N = m_0 + t$ 个节点、mt 条边的网络（$1 \le m \le m_0$），如图 2.5（a）所示。基于增长和择优连接算法产生的网络称为无标度网络。

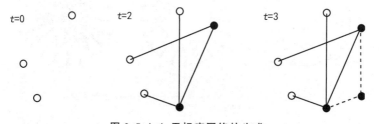

图 2.5（a） 无标度网络的生成

初始节点数目 $m_0 = 3$，新增加的节点的具有 $m = 2$ 条边（Barabasi 等，1999）。

如图 2.5（b）所示，无标度网络的结构特点是存在少数具有大量连接边的中枢点，但绝大部分节点连接数很少。与小世界网络、随机网络和规则网络比较，无标度网络是一种动态网络，首先体现在网络规模是逐渐增大的，其次网络结构也在不断变化。

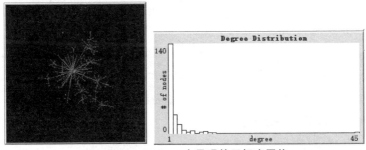

图 2.5 （b）Netlogo 中呈现的无标度网络

　　基于网络结构研究合作演化是假定行为个体在给定的社会网络结构上进行博弈。具体来说，在给定的网络结构上，每个个体代表一个节点，个体与个体之间按照某种方式进行连接，而每个个体的博弈发生在与之连接的局部网络中。这是关于网络合作演化进行的载体——社会网络的相关介绍，接下来，对研究网络合作演化的研究方法——仿真实验进行介绍。

2.4　仿真实验与计算经济学的方法介绍

2.4.1　仿真实验方法

　　仿真是对行为主体进行虚拟化并对个体的行为参数初始化，运行虚拟的博弈后获得演化结果并进行分析，这一方法有效地解决了复杂系统中无法得出数学解析解这一难题。

　　基于主体的建模与仿真（Agent-Based Modelling and Simulation），简称为 ABMS。ABMS 是一种相对较新的方法，用于对自主交互主体（Agents）组成的系统进行建模。基于主体的建模（以下简称 ABM）是一种模拟复杂系统和复杂自适应系统动态的方法（Weisbuch，1991；Macal & North，2010；Gould，1992）。ABM 模型主要包括三个元素：带有属性与行为的 Agents 集、Agents 之间的关系以及交互方式（链接的拓扑结构）以及主体的交互环境。

　　ABM 工具的开发以及计算的进步使得越来越多的基于主体的应用

可以跨越各种领域和学科。仿真实验可以被应用在多个领域，包括电气工程、信息工程、管理工程、生物工程等。本书重点介绍仿真实验在经济学中的应用，而仿真实验的研究方法在经济学中发展成了另外一个单独的学科——计算经济学（Tesfatsion, 2002；Tesfatsion and Judd, 2006）。这种方法为了解人们如何在行为经济学和神经经济学等领域的实际情况下做出决策提供了重要的技术工具。

2.4.2 计算经济学方法

基于主体的计算经济学（Agent-based Computational Economics, 以下简称 ACE）是经济学的一个计算研究途径，它把经济模型化成由一系列相互作用的主体构成的演化系统（Tesfatsion, 2001）。ACE 是以复杂适应系统为理论基础、以主体的计算机仿真为研究手段的一种经济学的研究方法（张江, 2006），这里的 Agent 是指具有自主性和自适应性的主体。它的核心思想是通过计算机模拟由大量主体组成的复杂的经济系统，经济系统的不同主体之间相互影响、共同演化，形成一个复杂的动态演化系统，并且分析这个复杂经济系统中的自组织涌现行为。ACE 考虑了经济个体之间以及个体与环境之间的相互作用，并以动态的、演化的观点来研究经济问题，是对传统经济学理论的有益补充。

1993 年，Lane（1993）首次提出了基于 Agent 的可计算模型的概念，而且他认为基于主体的可计算模型可以用于建立一个计算机模拟的经济系统。1994 年，桑塔费研究小组（Santa Fe Institute）基于 SWARM 平台建立了一个模拟的股票市场，用以解释经济系统中出现的全局性行为模式和制度的改变对经济系统产生的影响。桑塔费研究所对股票市场的模拟是 ACE 发展史上一个重要的里程碑，是 ACE 作为一种全新研究方法正式确立的重要标志。ACE 后续的很多工作都是在它的基础上延续和发展起来的。Epstein 和 Axtell（1996）模拟了一个人工社会系统：一个计算机中的社会科学试验室。基于主体的计算经济学的概念首先由 Leigh Tesfatsion 提出，并且 Leigh Tesfatsion 创办了基于主体的计算经济学网站（http：//www.econ.iastate.edu/

tesfatsi/ace. htm）。

　　以新古典经济学为主的传统经济学理论虽然取得了很大的成功，成为当今经济学理论的主流。但是近年来，传统经济学的完全理性和同质性等理论受到了越来越多的质疑，各种各样的替代传统经济学的理论与方法也被提出。其中基于 Agent 的计算经济学的发展为传统经济学的方法论进行了有益的补充。2000 年以后，计算经济学杂志（*Games and Economic Behavior*）、经济学期刊（*Journal of Economic Dynamic and Control*）和（*IEEE Transaction on Evolutionary Computation*）刊登了基于 ACE 的研究文章。基于 ACE 研究经济行为中的博弈论问题已经成为经济博弈研究的新视角和研究热点，基于 Agent 的复杂网络演化博弈，也成为演化博弈研究的前沿问题。

　　基于 ACE 的研究主要应用于以下几个方面：关于个体学习机制和行为模式演化的研究、基于 ACE 的市场模型的研究和基于社会网络的经济系统的研究。ACE 方法可以应用于几乎所有经济现象的分析，其对经济学研究的影响不仅表现为研究工具的革新，更带来了经济学研究范式的变革（范如国，2013）。虽然 ACE 解决了由于经济系统的复杂性而无法得出解析解的困境，但 ACE 的模型也还存在许多不足之处。最主要的是 ACE 模型的可信度问题受到了很多质疑。因为它没有经过严格的数学推导和证明，而是基于一个由计算机模拟的经济系统得出的结论，这一点构成了 ACE 模型的主要缺点（刘晓光和刘晓峰，2004）。正是因为这点，我们认为 ACE 存在的主要意义在于为传统经济学的研究提供一种有益的补充，其方法论说明了它具有良好的应用前景，可以为进一步深入研究提供一定的启示和思路。

2.5　仿真实验的技术工具——Netlogo

　　随着计算机技术的迅速发展，实现 Agent 仿真技术的工具也逐渐丰富起来，专业性的仿真工具主要有：Netlogo、REPAST、SWARM 和 UCINET 等软件以及后续以这些软件为基础发展起来的仿真软件工具包。当然，以 Simulink 为主要工具的 MATLAB 语言编程以及 Python、C++、Java 等语言也可以实现系统仿真的技术。国内的社会仿真软件主要参照浙江大学跨学科社会科学研究中心（ICSS）开发的仿真软件 PGG-SP C++2.0。

2.5.1 Netlogo 简介

Netlogo 是一款可以构建和探索多 Agent 模型的编程环境，下载网址为：http：//ccl. northwestern. edu/Netlogo/download. shtml，是由美国西北大学连接学习与计算机建模中心（Center for Connected Learning and Computer-Based Modeling，CCL）开发的可以免费使用的软件，这个软件会定期进行更新，截至 2019 年的最新版本为 6.1.0。Netlogo 是由 LOGO 语言编写的，LOGO 语言（https：//el. media. mit. edu/logo-foundation/index. html）是一种解释性的编程语言，这种语言是于 1967 年由 Wallace Feurzeig 和 Seymour Papert 共同创作的。Netlogo 兼具图形界面、信息和代码编程三个标签（见图2.6）以及运行监视和立体的结果输出（见图2.7），使得其可以在模型的开发和模拟方面之间快速切换，它是至今为止被广泛使用的多 Agent 的建模工具之一（Banos 等，2015）。

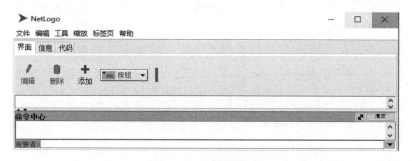

图 2.6 Netlogo 界面

"界面"标签包含模拟的图形界面。当创建一个新模型时，会显示一个默认环境。建模者可以通过在模拟中添加控制元素（例如按钮）来改变环境，这些元素可以控制多于模拟变量的各种输入值

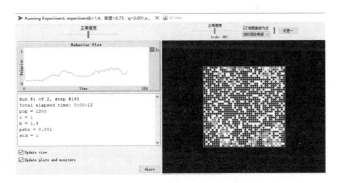

图 2.7　Netlogo 运行结果页面

（滑块、开关、选择器等）或显示返回值和其他模拟指标（监视器、图表等）。在界面的下端（见图 2.8），可以看到命令中心选项卡，其中包含显示模拟期间生成的所有消息的控制台。用户还可以选择使用它来在现场执行 Netlogo 代码，最方便的是可以用来测试当前运行的模拟。

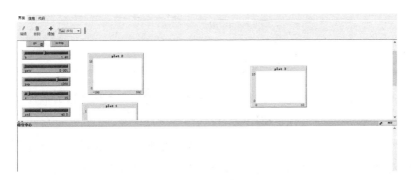

图 2.8　Netlogo 命令中心

"代码"标签主要包含一个可编辑的文本字段，建模者可以在其中编写 Netlogo 代码。值得注意的是，它包含一个检查按钮（检查），用来检测输入的 Netlogo 代码中的语法错误。只要保存文件，该按钮就会被激活。每当用户在标签之间切换时，也会自动进行检查。如果发现错误，标签上方会出现黄色条带。该选项卡还包含一个可滚动列表（见图 2.9），其中包含模型代码中的不同过程，此滚动列表可以快速轻松地访问不同过程。

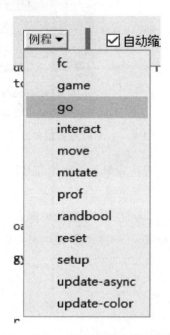

图 2.9　Netlogo 代码标签中可滚动列表

Netlogo 软件里包含了 150 多个样本模型的库，囊括了诸如地理科学、计算科学、心理学和社会科学等各种领域的教程、用户词典和代码示例（Wilensky，1999）。这 150 多个模型库为初学者提供了非常丰富的学习资料，初学者不仅可以查看各个领域的代码，还可以以此为基础扩展为自己所需的模型。为了使得读者对 Netlogo 有一个全面的了解，接下来进一步阐述运用 Netlogo 进行仿真的研究框架。

2.5.2　Netlogo 仿真研究框架

在 Netlogo 仿真的虚拟环境中主要包括四类主体：观察者（Observer）、瓦片（Patches）、海龟（Turtles）和链接（Links）。

1. 观察者（Observer）是程序的设计者，位于仿真空间之外，可以控制和监视仿真的整个流程。

2. 瓦片（Patches）代表了仿真模拟的网络环境，如图 2.10 中的白色区域所示 Patches 占据在一个矩形方格上，Patches 是静态的，固定不动的。通过向量 P = {pxcolor, px, py⋯} 可以定义诸如网络的规模大小、网络的群体密度等 Patches 的属性和行为，在向量 P 中 pxcolor 定义了 Patches 的颜色，px，py 分别代表了瓦片（Patches）的横纵坐标。通过修改或添加向量 P 中的元素值可以设置瓦片（Patches）的属性和行为。

3. 海龟（Turtles）代表了仿真模拟的主体（Agent），如图 2.10 中的红色和蓝色的小球所示。海龟具有以下特点：（1）海龟可以在瓦片上进行移动，并且可以观察环境和其他 Agents。海龟具有行动能力，这是 Agent 的最重要的特征。（2）海龟具有特定的属性和独特的行为，诸如，Agent 的策略选择集、Agent 的风险偏好类型等。通过向量 T = {color，x，y⋯} 可以来定义海龟的属性和行为。这些属性和行为的实现可以通过在代码界面中进行修改和添加来实现。

4. 链接（Links）表示连接两只海龟的线，决定了网络结构的属性，链接具有将两只海龟连接在一起的特定功能。在此种情况下，海龟称为节点。链接有两种类型：有向链接和无向链接。就像海龟一样，建模者可以定义他们自己的链接类型。

图 2.10　Netlogo 中瓦片（Patches）与海龟（Turtles）

Netlogo 仿真的研究框架主要包括两部分内容：首先，如图 2.11

（a）所示，在"界面"创建可视化的控件，其次，在"代码"界面输入相应实现各可视化控件的代码［见图 2.11（b）］，通过代码与界面实现整个仿真系统的运转。

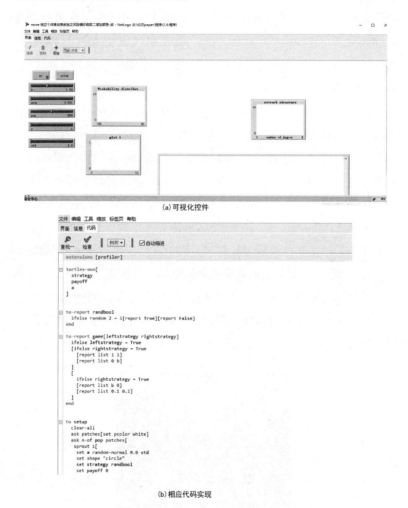

(a)可视化控件

(b)相应代码实现

图 2.11　Netlogo 具体实例界面

Netlogo 模型的基本框架如图 2.12（Banos 等，2015）：

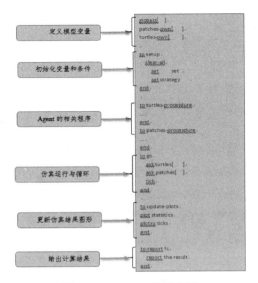

图 2.12　Netlogo 模型框架

2.5.3　Netlogo 仿真研究结果输出形式

基于 Netlogo 仿真主要有三种输出结果：直方图、线型图和动态空间状态子图。

1）直方图

直方图对于研究连续变量的值分布特别有用。例如，我们想要了解随着系统的演化，网络结构的度分布的变化（见图 2.13），可以在直方图的参数设置窗口中选择直方图（histogram）的绘图命令，并通过 x 轴和 y 轴的标记进一步确定直方图的横纵坐标。

图 2.13　直方图及其参数设置窗口

2）xy-plot 线型图

为了观察随着迭代步长的变化，系统因变量的变化值，在 Netlogo 中可以通过添加图的控件创建 xy-plot 线型图，进一步可以通过参数设置窗口［见图 2.14（b）］进行图的编辑。xy-plot 线型图为此提供了直接的显示结果［见图 2.14（a）］。

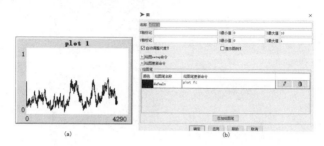

图 2.14   xy-plot 线型图及其参数设置窗口

3）动态空间状态图

动态空间状态图［见图 2.15（a）］是 Netlogo 仿真输出结果中非常有特色的一种图形。它动态、系统地展示了随着迭代步长的变化，网络结构和 Agents 行为的随之变化。与 plot 的线型图相比较，动态空间状态子图为观察者从肉眼上提供了更加直观具象的结果。如图 2.15（b）所示，在 3D view 结果输出界面中也可以从不同视角观察系统空间的三维立体形象。

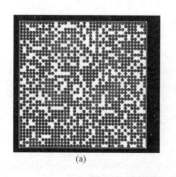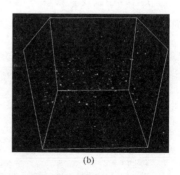

图 2.15 随时间变化的空间状态子图

2.6 基于网络结构的仿真实验在经济学中的应用

随着经济学中研究问题和研究数据的复杂性、非线性，采用基于网络视角的仿真方法探究经济学的问题变得越来越普遍。目前，主要体现在基于网络结构对产业集群的研究、对创新扩散的研究以及对金融市场的探讨。

2.6.1. 基于网络仿真探究产业集群的研究

这一类的研究主要是将集群看作为网络组织（曹霞等，2018），研究内容包括针对集群网络结构特征的静态分析和动态分析。诸如，蔡宁等（2016）人运用复杂网络结构及其方法，分别从关系集聚的小世界特征、连接分布的无标度特征和群落特征刻画了集群网络的总体结构属性，分析了网络的内在动力学机制。不同于蔡宁等人对集群网络结构的静态属性分析，韩莹等（2015）人应用仿真实验的方法动态分析了不同阶段不同类型的产业集群网络结构特征。

集群产业的绿色升级也是应用网络仿真研究产业集群的一个重要内容。张宏娟和范如国（2014）基于复杂网络演化博弈理论对产业集群的低碳策略演化进行了探讨，研究发现，产业集群的网络结构和行为主体的异质性预期对集群的低碳演化有着重要影响。姚刚等（2016）人基于三种网络模型探究了集群升级的绿色发展，研究发现，集群网络的结构中心性特征，积极推动了产业集群的升级过程。

2.6.2. 创新扩散的动力学机制的研究

创新扩散模型的研究主要从宏观和微观两个视角：宏观视角的研究主要基于 BASS 模型和修正的 BASS 模型（Bass，1969），BASS 模型是研究创新扩散的主流技术工具；微观视角的探讨则是从博弈理论和复杂系统视角出发。复杂系统仿真视角的研究弥补了 BASS 模型研究创新扩散所缺乏的微观基础（陈锟，2009）。BASS 模型公式意味着一个完全连接的社交网络，复杂系统仿真可以应用于代表真实世界的更加现实的交互网络（Kiesling 等，2012）。

网络结构对传染病在人际中的蔓延、电脑病毒在网络上的扩散都有着重要的影响，同样网络结构对创新技术的扩散也起着重要作用。网络结构属性和类型的改变对创新扩散过程有着重要的影响，所以，为了有针对性地提出促进创新扩散的有效政策，基于网络视角的研究显得尤为重要。不少学者探讨了网络结构对创新扩散的影响（Valente，1996；Abrahamson，等，1997；Alkemade & Castaldi，2005；Pegoretti，2012）。Alkemade & Castaldi（2005）比较了规则网络、随机网络和小世界网络中的扩散，并通过改变网络密度探讨了网络结构的属性对创新扩散的影响。佩戈雷帝（Pegoretti，2012）分析了在不同的信息制度下，社会网络的结构如何影响创新的差异和竞争。研究表明，在完全信息（即客户完全了解不同创新的存在，并可以自由选择）时，高社会凝聚力降低了创新垄断市场的可能性；在不完全信息（并不是所有的客户了解创新的能力）的情况下，小世界网络的高集群度和短平均路径的特点带来了更高的创新扩散速度，增加了创新垄断市场的可能性。

2.6.3. 基于网络仿真实验的金融市场研究

面对金融资本市场的复杂性，基于复杂网络的仿真研究发挥了重要的作用。基于网络机构视角对金融行业的研究内容主要包括对股市羊群行为的研究（张维等，2010）、对金融市场特征的研究（李昊等，2012）以及对金融风险的研究（邓超等，2014；Paulin 等 2019）。卞曰瑭等（2017）基于复杂网络视角对股市羊群行为的演化过程进行系统性分析，研究结果表明，网络协调博弈策略下的股市羊群行为演化受网络结构的影响。Paulin 等（2019）设计、实施并评估了基于混合的宏微观代理的模型，研究发现，系统性风险在很大程度上取决于算法交易者的行为、杠杆管理实践以及网络拓扑；对于高拥挤状态而言，传染速度是投资组合多样化的非单调函数。

第3章 网络结构视角下的合作演化研究综述

2006年，马丁·诺瓦克提出了研究合作问题的五种视角（Nowak，2006）：亲缘选择、直接互惠、间接互惠、群体选择以及空间结构。空间结构在社会学的研究中称为社会网络，其中网络研究合作问题（Hanaki 等，2007；Fosco 等，2011；Eguíluz 等，2005；Assent 等，1998；Santos 等，2006c；Rong 等，2007；李一啸，2010）是一个重要分支，社会网络能够促进合作涌现的重要原因是网络的拓扑结构为形成合作者的团簇提供了便利的条件（Nowak 等，1992；Perc 等，2010a）。关于从网络结构的视角研究合作的问题，Suri 和 Watts（2011）指出了两个原因：一是许多的困境模型假定合作是有条件的，从这种意义上来看只有博弈对方合作的条件下才会合作，一种典型的策略就是"一报还一报"。从这一点来看，某些聚类系数高的网络结构，团块系数较大，有效地抵御了背叛者的入侵，有利于合作行为的涌现。二是网络结构中的合作具有蔓延性。若条件性合作者的邻居大部分是合作者，则条件性合作者更有意向进行合作，条件性合作者的高合作率促使其他邻居进行合作，进而促使邻居的邻居进行合作，如此下去，合作有效蔓延开来。基于网络结构视角研究合作演化的目的主要是探讨什么样的网络结构和固定网络结构下什么样的机制更有利于合作行为的涌现，也就是需要找到社会资本即社会网络里有利于合作解出现的那些事情的总和（汪丁丁，

2011)，从而为合作行为的涌现提供一个有利的环境。

合作的演化以网络结构为载体，网络结构通过影响行为个体的博弈对象、策略学习对象、迁徙位置等来影响合作行为的演化。因此，不同的网络类型会对合作的演化产生不同的影响（Tsukamoto 等，2010）；网络结构基本属性的变化也使得合作行为表现出差异性。在探讨网络结构对合作演化影响的文献中，主要研究两个问题：一是，探讨什么样的网络结构类型最有利于合作秩序的扩展；二是，网络结构的基本属性是如何影响合作策略传递的。在回答这些问题的基础上，可以寻找最优的社会网络结构，以期社会合作行为的不断涌现。

基于网络研究合作问题的内容主要包括三类：一是网络结构的基本属性和类型对合作演化结果的影响（Tsukamoto 等，2010；Seltzer and Smirnov，2015；Riordan 等，2008；）；二是网络上演化博弈动力学对合作行为的影响，囚徒困境博弈（Nowak 等，1992；Cohen 等，2001）、猎鹿博弈（Wang 等，2013）、雪堆博弈（Hauert，2004）和公共品博弈（Ye 等，2011）是探讨网络结构上合作演化的四种经典博弈类型；三是网络拓扑与个体策略的共生演化对合作行为的影响（Perc 等，2010；Szolnoki 等，2009b）。在前两类的相关研究中，网络结构是外生给定的，在个体策略的演化过程中是静态的，但现实世界中的网络结构则更多的是动态的、实时变化的。因此，网络结构与合作策略的共生演化更接近于现实的视角。其中，网络上的个体迁徙是实现网络结构和策略的共生演化的一个重要机制。接下来我们便分别对网络结构变化对合作行为的影响、网络上的博弈动力学对合作行为的影响、个体迁徙促使合作行为和网络共生演化三个方面的研究进行介绍。

3.1 网络结构对合作演化影响的研究

3.1.1 网络结构基本属性对合作演化影响的研究

网络结构的平均度（average degree）、平均路径（average path

Length）、集群系数（clustering coefficient）、度分布方差（variance in degree distribution）和相配系数（assortativity coefficient）等基本属性对群体的合作演化有着重要的作用。一般来说，网络结构的平均度越小越有利于合作行为的涌现（Iyer 等，2016；王龙，2007）；无标度网络上度分布的方差对合作演化也产生了重要影响（Tsukamoto 等，2010）。

Iyer 等（2016）研究了囚徒困境、鹰鸽博弈和协调博弈三个主要社会困境中合作的演化。在随机规则网络、无标度网络上使用基于个体的博弈仿真，详细研究了网络结构特性的影响，诸如平均度、度分布方差、集群系数和相配系数对三类博弈中合作行为的促进作用。研究发现，（1）与均匀混合的群体相比较，复杂网络增加了合作的倾向性。（2）网络结构特性对合作水平影响的研究发现，在所有三种博弈中合作水平随着网络平均度的增加而单调下降，这是因为随着网络平均度的增加，使得复杂网络无限接近于均匀网络（Well-mixed Population），降低了合作水平，与（1）的结论相符。（3）在囚徒困境、鹰鸽博弈和协调博弈上随着度分布方差的增加，整体的合作水平随着下降。Chen 等（2007）研究了无标度网络上平均度与聚类系数的大小对合作行为的影响。研究发现，网络结构的平均度越小越有利于合作行为的产生。这是因为平均度的增加意味着个体的平均邻居数目增大，这使得背叛者可以快速地将自己的策略传递给其他个体，最终使得合作水平迅速下降。另外，也可以发现，较大的聚类系数促使合作维持在较高水平。因为较大的聚类系数增加了合作者正向聚集的形成，提高了合作水平。总的来说，无标度网络上的度和聚类系数对合作水平的影响是：行为主体的平均邻居的数目越大，越会抑制合作现象的涌现，而网络结构中三角形的个数越多时，相应的合作水平也会越高。

Suri 等（2011）用行为实验的方法研究了网络上的公共品博弈，目的在于验证已有文献中的两个结论：一是聚类系数高的网络结构，则贡献额也较高；二是高贡献额的类对邻居的贡献额有正面效应，从而提高了合作的有效蔓延。实验结果表明：网络拓扑对于公共品博弈的平均贡献额没有显著影响。原因可能有两个：一是个体并不是条件性合作者；二是合作并不能获益于连接个体之间的正作用。为了区别一和二这两个原因，此文设置了另外两个实验：引进无条件合作者和无条件背叛者，来验证条件性合作是否存在。实验数据表明：博弈个体表现出条件性合作者的行为方式，但公共品博弈的贡献额在不同的网络结构中并没有表现出显著差异。原因可能在于，虽然博弈者具有条件性合作的特性，但是条件性合作的负效应抵消了正效应，使得结果独立于网络结构，所以结果影响不显著。为了验证在不同的网络结构上是否存在合作的蔓延性，作者巧妙设计了另外一个实验：只引进无条件合作者，并且保持无条件合作者的数目为常数，进一步使得无条件合作者成对连接。此实验设置可以验证网络中的扩散正效应是否存在。实验结果发现，尽管博弈者对无条件合作者的引进做出了正面回应，但是太多无条件合作者的存在导致了搭便车现象的出现，因而没有足够的证据表明静态网络结构对合作有正的蔓延性。文中指出了其中原因之一，条件性合作者既有正的效应也有负的效应，高聚类的网络结构在增强正的效应的同时也增强了负的效应，所以网络结构对合作行为没有显著影响。然而，Chen 等（2007）的研究所得出的结论是聚类系数大的网络结构，合作水平相应越高，对比可以发现实验与仿真的结论不一致。其差别的原因可能在于：收益函数形式和更新规则的差异。基于行为实验（Suri 等，2011）的公共品博弈的收益函数形式相当于个体只参加了一次博弈，而仿真中（Chen 等，2007）所采用的收益函数形式相当于个体参加了 $k+1$ 次博弈，其中 k 为其邻居的个数。相对于个体只参加一次博弈，行为个体参加的多次博弈有效地扩大了网络结构的效应，使得网络结构的作用更能体现在博弈结果上。

Vega-Redondo 等（2005）应用数值模拟和平均场的方法，探究了聚类系数在社会网络演化中的作用，在该文中，可变的聚类系数使得网络结构在演化的过程中是内生的。网络结构的变化主要体现在：是在局部的范围内选择新的邻居还是在全局范围内选择？研究结果发现，聚类系数不仅影响群体的合作行为，而且影响群体的网络结构的改变。

王龙等（2007）研究了具有社团结构的无标度网络上的囚徒困境博弈。研究发现在具有社团结构的无标度网络上，随着平均度的增加，合作水平相应减少，与 Chen 等人的研究结论一致；在保持平均度不变的情况下，合作水平随着内外连接数之比减少而降低。另外，此文献还研究了小世界网络的异质性程度对合作水平的影响，研究表明，存在某个适当的网络异质程度使得合作水平达到最大值。

Tsukamoto 等（2010）研究了无标度网络上度分布的方差对合作演化的影响，度分布的方差代表无标度网络的异质程度，即 hub 节点在网络中所占的比例，分析了在三种不同的策略更新方式下合作水平受度分布的方差的变化规律。研究表明：在这三种不同的策略更新方式下，存在某个最优的方差值（既不是最大值也不是最小值）使得合作水平达到最高。换言之，无标度网络中的 hub 节点既不能太多也不能太少。网络中太多或太少的 hub 节点实际上减弱了无标度网络的优势；太少的 hub 节点仍然能够促使合作现象的涌现，但合作水平有所下降。

网络结构的属性之一异质性对合作的演化有着重要的影响，Tsukamoto 等（2010）和 Fu 等（2007b）用仿真的方法对此问题做了详细讨论。Santos 等（2005）提出异质性网络为合作行为的涌现提供了统一框架，后来的学者则提出不是所有的异质性网络都有利于合作，而是存在一个中间的异质程度，原因是：异质性最强，例如只有一个中枢（hub）节点（邻居数目相比其他节点很大），一旦此节点被背叛者占领，则整个网络迅速被背叛者占领；异质性最弱（相当于同质网络），所有节点的邻居数目相同，平均路径短，背叛者的策略较易扩散，不利于合作行为的涌现；当网络的异质性为中间值时，中枢节点之间的连接有利于抵御背叛者的入侵。即使有一个中枢节点被背叛者占领，合作水平临时降低，但通过其他合作者占领的中枢节点可以使合作水平恢复到正常水平。Gracia-Lazaro 等（2012）用行为实验的方法研究了异质性网络对合作演化的影响，实验结果表明：异质性网络并没有促进合作。此实验的目的是验证网络互惠是否存在，结果表明网络互惠不存在于人类中，但不否定存在于其他环境中。实验还发现了另外一点，博弈者具有情绪性的行为方式，也就是说背叛后很难再合作。同样在此实验研究也证实了博弈个体的行为独立于他们邻居的收益差（策略更新规则），这也是此实验与仿真得出不同结论的原因之一。在此实验中没有规定博弈个体的更新规则（实验结论表明策略更新为环境依赖性）；在仿真中规定的更新规则一般与收益有关。另外，实验与仿真结论不一致的原因可能是，实验中的异质性网络不是仿真中最优的异质程度（异质性程度为 1~10），实验的材料中提到异质网络的幂律指数为 2.7，由此可得它的异质程度值为 0.1~1，所以不是最优的。从这一点看，实验和仿真的结论又存在一致性，但正确的结论究竟是什么，还有待实验经济学和计算经济学的共同验证。

3.1.2 网络结构类型对合作演化影响的研究

由以上的研究可知，网络结构基本属性的变化对合作行为的涌现和维持起着至关重要的作用。那么，网络结构类型的差异对合作演化又会产生怎样的影响呢？不同的网络类型对合作演化也产生了不同的影响。例如，Nowak 和 May（1992）在二维方格上研究了囚徒困境博弈中合作的演化，他们的研究开创了空间博弈研究的先河，也是研究者首次从网络结构角度探究合作的演化。这篇文献是在排除个体的记忆、策略的多样性的基础上，以囚徒困境为代表，研究合作的问题。个体只简单地采取两种策略：合作和背叛，将个体置于二维方格的网络上进行博弈。仿真结果发现，在二维格子上的囚徒困境博弈中，合作者通过形成团簇结构可以有效抵御背叛者的入侵；在合作簇的内部，合作者通过相互协作可以获得很高的收益，从而保护合作簇内部的合作者不被外面的背叛者所取代，规则网络有利于囚徒困境博弈中合作的演化。在未考虑网络结构视角之前的相关文献中，关于囚徒困境博弈中合作涌现的机制主要是通过施加一些外在因素在行为个体身上，例如声誉效应（Nowak and Sigmund, 1998）、互惠（Axelord, 1984）等。然而，Nowak 和 May 的模型在没有引进任何复杂策略的前提下，只将行为个体的连接方式由均匀连接改变为规则网络结构的连接，囚徒困境中的合作行为就可以演化出来，这证明网络结构为合作的演化做出了重要的贡献。但 Hauert 和 Doebeli（2004）发表在 *Nature* 上的文章 "Spatial structure often inhibits the evolution of cooperation in the snowdrift game" 却发现，规则网络抑制了雪堆博弈中合作的演化，对 "空间结构有利于合作行为的涌现" 这一结论起到了警示的作用。研究结果发现，在二维方格上，演化稳定均衡状态下的合作者比例受雪堆博弈中成本—收益比的变化规律影响。在成本—收益比较小时，网络结构促进了合作行为；但随着成本—收益比的增加，群体中的合作者比例低于均匀混合的群体。同一种网络结构对合作的演化却产生了不同的影响，产生这种差异最重要的原因是博弈类型的差异。不同的博弈类型其博弈支付矩阵也会不同，决定了网络结构中的合作者与背叛者的比例不同，网络结构不只为合作者的聚集提供有利的条件，同时也为背叛者提供了利用合作者的机会。所以，同一种网络结构在不同的社会困境中会对合作演化产生不同的作用。

Gruji 等（2010）用行为实验的方法研究二维格子上的囚徒困境，实验的数据表明，二维结构的存在并没有提高囚徒困境中的合作水平，与 Nowak 等人的文章中二维结构有利于囚徒困境中合作行为涌现的结果产生了冲突。另外，此实验数据还表明，对于人们博弈时所采取的策略更新方式 "模仿收益最好的人的策略"，实验研究并没有找到证据支持，这也许就是在相同的网络结构基础上却得出结果不一致的原因之一。同时 Gracia-Lázaro 等（2012）的研究也得出了类似的结论。以上的研究表明 Nowak 等（1992）的文章在仿真时所采用的策略更新方式并不能完全描述人类个体的博弈行为，但也并不否定此策略更新可以适用于其他方面。

Santos 和 Pacheco（2005）研究了无标度网络上的囚徒困境博弈和雪堆博弈，研究结果表明无标度网络为合作行为的涌现提供了统一的框架。Santos 和 Pacheco（2005）应用增长—偏好连接的方式生成了无标度网络，不仅研究了无标度网络上的合作演化，也探讨了规则网络上合作的行为。与规则网络相比，无标度网络在整个参数空间内使得两个博弈类型都获得了高水平的合作。这是因为，无标度网络具有中枢节点，即度非常大的节点，但这种类型的节点数目很少。在演化的过程中，一旦中枢节点被合作者占领，由于此模型中策略模拟根据复制动力学方程，中枢节点模仿其他节点的概率与度成反比，所以中枢节点在策略更新时基本上会保持自己的合作策略。只要存在一个较小的合作团簇，那么，中枢节点迅速地将合作策略传递给他的博弈对象，使得合作行为在无标度网络上迅速扩展开来，极大地提高了合作水平。另外，值得我们注意的一点是，在规则网络的情况下，只有在较小的背叛诱惑参数时，才能获得较高的合作水平；当背叛诱惑参数超过某个临界值时，合作水平迅速下降为 0。对比 Nowak 和 May（1992）的研究结果"规则网络有利于囚徒困境博弈中合作的演化"，可以发现，相同的网络结构对相同的演化博弈却产生了不同的影响。我们发现，在 Santos 和 Pacheco（2005）的研究中，他们在演化过程中采取了复制动力学的方程进行策略更新；而在 Nowak 和 May（1992）的研究中，他们应用的是模拟收益最高邻居的策略。所以，不同的策略更新方式也会对合作的演化产生影响。

Utkovski 等（2017）的研究发现，小世界网络的合作水平显著低于规则网络上的合作水平。Cassar（2007）用实验经济学的方法研究了小世界网络、局部网络和随机网络上的合作行为。Cassar 文章中采用的是累计贡献额，扩大了单次贡献额的微弱优势，因此根据单次博弈贡献额来讲，网络拓扑结构对博弈结果没有显著影响。此实验的设置为：基于网络为平台展开的，最后与实验室实验的文献

（Fowler 等，2010）做了对比性研究，验证了其结果的有效性。实验设置为：通过给定不同的网络结构来验证网络拓扑对博弈演化结果的影响。五种网络结构的差异体现在三种不同属性上：聚类系数、平均路径长度和直径，五种具体形式的网络结构为：环、小集团、成对衔接的小集团、小世界网络和随机规则图。研究发现，小世界网络的合作水平显著低于局部网络和随机网络上的合作水平。网络结构类型对合作行为的影响在不同文献的研究中或许会产生不一致的结论，这依赖于所述模型的具体情境。

3.2　博弈动力学机制对合作演化的影响研究

演化博弈论为研究网络结构上的合作演化提供了统一的理论框架（Fudenberg，1991；Weibull，1997；Nowak，2006）。演化博弈理论是在 20 世纪 80 年代由英国著名演化生物学家斯密斯（John Maynard Smith，1982）提出的。

3.2.1　演化博弈论的基本概念

演化的思想在经济学中的体现，最早可以追溯到 18 世纪以后的新古典经济学中自发秩序的思想，例如，斯密的"看不见的手"带来的社会稳定秩序（斯密，1776）；随后，奥地利学派哈耶克和门格尔深化了自发秩序的思想（哈耶克，1988；门格尔，1871）。哈耶克在《致命的自负》一文中重点研究了"人类合作的扩展秩序"，指出，人类的合作秩序是自生自发的，而不是人类设计的结果（朱富强，2008）。演化的思想还体现在马歇尔（Marshall，1948）比较分析了演化和静态分析的概念以及阿尔钦（Alchian，1950）在"不确定性、演化和经济理论"一文中提出的将自然选择的概念应用到经济分析中（王文宾，2009）。以上经济学中的演化观点为演化博弈论的发展提供了启示。

1973 年，斯密斯与 Price 将经典博弈论的形式应用到演化生物学的研究中，探讨了一个随时间变化的种群的动态过程（Smith and

Price, 1973)。与经典博弈论的本质区别在于前提假设的不同，演化博弈论剔除了经典博弈论中对博弈主体具备完全理性能力与完全信息状态的假定，演化博弈论认为参与者并不拥有博弈结构和规则的全部知识，而且，参与者策略的获得主要是通过特定的学习机制（黄凯南，2009）。演化博弈论讨论的是行为博弈，经典博弈论讨论的是策略博弈。演化博弈理论虽然仍然把人与人的交往和互动看作某种博弈和决策过程，但具体研究内容却考虑了博弈主体的异质性，把博弈过程视作人类多样化行为交往和互动的过程，使我们可以从更广的视角观察人类的行为（叶航，陈叶烽和贾拥民，2013）。

与经典博弈论中相对应的均衡概念是纳什均衡，斯密斯提出了演化博弈论的基本均衡概念是演化稳定策略（Evolutionary stable strategy，ESS），它指的是如果生物种群的大部分成员都采用某种策略，而这种策略又优于其他策略，这种策略就是生物进化的稳定策略或 ESS（叶航，2004；Smith and Price，1973），它表明了演化博弈达到的稳定状态。演化动力学可以为我们揭示种群是如何达到这一均衡状态的（Nowak，2007；叶航，陈叶烽和贾拥民，2013）。以囚徒困境博弈为例阐述种群的演化趋势，定义收益支付矩阵 A 如下：

$$
\begin{array}{cc}
& \begin{array}{cc} C & D \end{array} \\
\begin{array}{c} C \\ D \end{array} & \begin{pmatrix} R & S \\ T & P \end{pmatrix}
\end{array}
\tag{1}
$$

其中，C 为合作策略，D 为背叛策略。R 代表合作者与合作者相遇时的收益，T 代表背叛者与合作者相遇时背叛者的收益，S 代表合作者与背叛者相遇时合作者的收益，P 代表背叛者与背叛者相遇时的收益。

演化博弈论的核心思想是研究由合作者和背叛者组成的群体，他们之间是随机相遇的；并将博弈支付直接代替为个体的适应度。假定合作者在种群中的频率为 x_C，背叛者的频率为 x_D，f_C 为合作者的博弈支付，f_D 为背叛者的博弈支付，那么，C 和 D 的期望（平均）

博弈支付为：

$$f_C = Rx_C + Sx_D$$
$$f_D = Tx_C + Px_D \tag{2}$$

种群的演化动力学微分方程为：

$$x_C' = \frac{\mathrm{d}x_C}{\mathrm{d}t} = x_C(f_C - \varphi)$$

$$x_D' = \frac{\mathrm{d}x_D}{\mathrm{d}t} = x_D(f_D - \varphi) \tag{3}$$

其中，$\varphi = x_C f_C + x_D f_D$ 为平均适应度。因为，种群中只有两种类型的个体，所以，$x_C + x_D = 1$。令 $x_C = x$，则 $x_D = 1 - x$，$\varphi = xf_C(x) + (1 - x)f_D(x)$，将此式代入（3）式，则有：

$$x' = \frac{\mathrm{d}x}{\mathrm{d}t} = x[f_C(x) - xf_C(x) - (1 - x)f_D(x)] = x(1 - x)[f_C(x) - f_D(x)] \tag{4}$$

接下来，将（1）式代入（4）式，则有：

$$x' = \frac{\mathrm{d}x}{\mathrm{d}t} = x(1 - x)[(R - S - T + P)x + S - P] \tag{5}$$

该微分方程的均衡点为 $x = 0$，$x = 1$，因为囚徒困境博弈满足 $T > R > P > S$，所以，$f_C(0) < f_D(0)$，$x = 0$ 为稳定点，即合作者在群体中的频率为 0。因此，种群将全部由背叛者组成，合作者将被淘汰出局。

3.2.2　网络结构上演化博弈的模型

网络结构上的演化博弈模型主要包括两个部分。第一部分：个体在给定的网络结构邻域内进行博弈，博弈的结构一般是外生给定的，主要包括博弈的类型和计算博弈收益的函数；第二部分为演化过程：策略更新和策略突变，即个体按照给定的策略更新规则进行演化，或在演化过程中个体进行策略突变。策略模拟对应生物学意义上的遗传复制；策略突变对应的是变异。从演化博弈论的角度看，策略模拟在演化的过程中是内生的。本书实例的研究正是在演化博弈论的框架下展开的，遵循博弈—策略更新—迁徙—突变的分析框架，探究个体迁徙对合作演化的影响。演化博弈论为合作演化的研究提供了统一的理论框架。

接下来，我们对网络演化博弈模型的基本框架进行阐述。

1) 网络结构上常用的博弈类型及博弈收益函数

在网络结构上研究合作演化时，常用的社会困境博弈类型有以下几种：囚徒困境博弈、鹰鸽博弈、猎鹿博弈。在整个博弈参数空间中包括 Harmony 博弈，但由于 Harmony Game 的唯一均衡是合作，所以它不是一种社会困境（Weibull，1995）。首先，定义收益支付矩阵 A 如（1）式所示，为了简化分析，一般将参数空间标准化为（Santos 等，2006a；Roca 等，2009）：$R=1$，$P=0$，$-1 \leqslant S \leqslant 1$，$0 \leqslant T = b \leqslant 2$。这样博弈支付矩阵可以用参数 T 和 S 来表示。

公共品博弈是用来研究网络演化博弈的另外一种经典博弈类型。由于公共品的非排他性质，背叛者可以通过搭便车即不贡献投资额获得比合作者更高的收益，搭便车成为一个纳什均衡意义上的占优策略（叶航，陈叶烽和贾拥民，2013）。

在以上的博弈类型中，囚徒困境博弈成为研究合作问题的经典代表（Nowak 等，1994；Izquierdo 等，2014），给定博弈支付矩阵 A，囚徒困境演化博弈的收益函数的主要形式是基于节点度的累积收益函数：

$$P_i = \sum_{j \in \Omega_i} u_i{}' A u_j, \quad u_i^c = \begin{pmatrix} 1 \\ 0 \end{pmatrix} \quad u_i^D = \begin{pmatrix} 0 \\ 1 \end{pmatrix} \quad (6)$$

其中，P_i 为行为主体 i 与所有邻居博弈后的收益，Ω_i 为行为主体 i 的所有邻居，$u_i{}'$ 为行为主体 i 在本轮中的策略，u_i^c 为行为主体 i 采取合作策略，u_i^D 为行为主体 i 采取背叛策略，A 为博弈支付矩阵，u_j 为行为主体 i 的邻居 j 在本轮中的策略。在指定的迭代时间内，计算下一轮的收益时将上一轮的收益重置为 0，即上一轮的收益不带入下一轮。这是狩猎—采集社会典型的经济特征，即个体和种群不可能以任何形式储存食物或累计资源，所有产出在每一轮生产结束后都将被消费掉，被称为"即时回报"的生产系统（Woodburn，1982；

Bowles 等，2004；叶航，陈叶烽和贾拥民，2013）。

公共品博弈的收益函数包括基于局部的公共品博弈的收益函数（Cao 等，2010）和基于全局的公共品博弈的收益函数（Santos 等，2008）。另外，加权效用函数（Szolnoki 等，2008（a））和基于时间的累计收益函数（Liu 等，2010）等是其他的收益函数形式。

纵观已有文献研究，囚徒困境博弈（Santos 等，2006a；Wang 等，2012）、猎鹿博弈（Wang 等，2013）、雪堆博弈（Hauert，2004）和公共品博弈（Judd 等，2011；Gylling 等，2018；Jordan 等，2016）等不同博弈类型对合作演化产生了重要的影响，这种影响主要体现在博弈支付矩阵中 T-S 参数的变化对演化策略的作用。演化博弈过程中不同收益函数的使用对于合作的结果也会产生重要的影响（Seo 等，2000）。例如，与平均收益函数相比较，基于邻居数目加总的收益函数提高了合作水平（Amaral 等，2016）；基于连接权重的收益函数也为合作的涌现提供了有利的环境（Cao 等，2011）；Liu 等（2010）的研究表明，策略更新基于时间累计收益的规则，随着累计收益效应的增加，合作水平有所提高；Bo（2012）研究发现参与人的适应性预期对于复杂网络上合作行为的涌现起着重要作用。

2）策略更新和策略突变

基于行为主体的计算机仿真假定每一种行为类型的个体都会学习或者模仿那些收益较高者的行为。网络演化博弈中常采用的策略更新有三种算法（Ohtsuki 等，2006）：死亡—出生更新、出生—死亡更新和策略模拟更新。策略模拟是遗传复制的等价替代，是达尔文的自然选择。基于频率依赖的莫兰过程常用的是"生—死"和"死—生"算法（Ohtsuki 等，2006；叶航，陈叶烽和贾拥民，2013）；在统计物理和系统科学的分析中常用的是策略模拟更新。策略模拟更新的常用规则有以下几种：采取邻居中收益最高的个体的策略（Cardillo 等，2010）、以一定概率采取较好者的策略（Santos 等，2005）；参考行为主体自己策略的表现来进行策略更新（Takesue，2019）；采取预期收益较高的策略（Bo，2012）。

常用策略模拟更新规则的函数表达有以下几种：

费米更新函数（Szabó 等，1998）：在每一时间步长，节点 x 从其邻居中随机选取节点 y 进行策略更新，节点 x 采取节点 y 的策略的概率为：

$$W(u_x \leftarrow u_y) = \frac{1}{1 + \exp[-(P_y - P_x)/\kappa]} \tag{7}$$

其中，κ 为非理性选择的噪声，$1/\kappa$ 称为选择强度，当 $\kappa = 0$ 且 $P_y > P_x$ 时，节点 x 采取 y 的策略；当 $\kappa \to \square$ 时，节点 x 随机采取 y 的策略。

莫兰更新规则（Cardillo 等，2010）：在每一个时间步长，节点 x 以概率 W 选择一个邻居 y 进行策略更新。节点 x 选择邻居 y 的概率为：

$$W(u_x \leftarrow u_y) = \frac{P_y}{\sum_{k \in \Omega_x} P_k} \tag{8}$$

复制动力学方程即以一定概率采取较好者的策略（Cardillo 等，2010；Santos 等，2005）的函数表达为：在每一个时间步长，节点 x 从其邻居中随机选取一个节点 y 进行策略更新，当 $P_y > P_x$ 时，在下一步节点 x 采取节点 y 的策略的概率为：

$$W(u_x \leftarrow u_y) = \frac{P_y - P_x}{bk_>} \tag{9}$$

其中，$k_>$ 为节点 x 和 y 的度中的较大值。

在种群的演化过程中最重要的特性是它的随机性和突变性，它是影响多行为主体随机演化过程的重要因素。演化动力学假定每一类型的个体都会以一个非常小的概率 μ 随机变换成其他类型，μ 被称为突变率或噪声（叶航，陈叶烽和贾拥民，2013）。复杂网络上的演化博弈的随机性体现在两方面：一是策略更新的突变也称为行为噪声，一种策略类型在不考虑收益大小的情况下以一定概率随机变换成另一种策略；二是具体演化动力学机制中外生给定的噪声（Roca 等，2011）。

网络结构上的演化博弈基于主体的计算经济学（ACE）的运行模式如下：首先，在给定的网络结构上建立一个由多个个体组成的虚拟的经济系统；其次，根据博弈类型和博弈支付矩阵赋予每个个体初始的属性和行为；然后，按照给定的演化机制，让相互作用的个体自发地演化直至达到均衡稳定状态；最后，观察并分析演化的结果，由此得出结论或提出政策建议。

3.2.3　给定网络结构上博弈动力学对合作演化的影响

博弈动力学对合作演化的影响，主要体现在博弈主体的异质性和策略更新过程两方面。博弈主体的异质性是指网络系统中的博弈主体具有不同的个人主观能力和偏好，也就是说，在整个群体中不是所有博弈主体的行为偏好都是相同的，而是异质的。例如 Horvath 等（2012）研究了博弈主体不同的记忆能力对合作演化的影响，结果表明小世界网络中，相比于较高和较低的记忆能力，有限的记忆力提高了合作水平。Wang 等（2013）研究了网络囚徒困境博弈中具有不同影响力的个体对合作演化的影响。在以往的研究中，一般假定每个个体受其邻居的影响是相同的，但是现实生活经验告诉我们，个体具有不同的影响力，比如领导人的身份对别人的影响力要大于普通群众的影响力。所以，他们在文中假定个体具有不同的影响力，影响力的大小正比于其邻居的数目。也就是说，一个个体的邻居数目越多代表他对别人的影响力就越大，反之，则代表个体的影响力较小。研究结果表明，异质性影响力的引进提高了群体内的合作水平。而演化过程中个体具有的不同年龄（Liu 等，2012；Szolnoki 等，2009（a））、不同影响力（Wu 等，2006）等对合作演化也具有重要的影响。行为个体异质性的假设一方面更好地反映了现实，另一方面在合作演化的过程中起到了重要的作用。

不同策略更新方式也会对合作演化产生重要的影响。Cardillo 等（2010）探讨了基于策略和更新规则共演化的前提下复杂网络上的弱囚徒困境博弈，考虑三种更新规则：莫兰规则、复制动力学方程、无条件模拟。此篇文献的创新点在于首先考虑了不同的网络结构，将网络结构的设置从同质性网络变为异质性网络；其次两两对比了不同的更新规则对演化结果的影响。结果表明：一是网络结构异质程度越强，合作水平越高；二是策略和更新规则的共演化促进了合作行为的涌现。具体来说，当背叛诱惑参数较大且在无标度网络上时，无条件模拟完全代替莫兰规则；在所有网络结构上复制动力学方程的更新规则优于莫兰规则。Bala 等（1998, 2001）采用社区内居民观察其邻居的行为和结果获得学习经验的更新规则，对行为主体的决策和观点变化如何受到邻居的影响进行了研究，研究结果表明，邻居的行为及观点对行为个体的决策方式产生了重要的影响。Grujić等（2010）和 Gracia-Lázaro 等（2012）的实验研究都对仿真中所采用的更新规则提出了疑问，他们的实验研究表明博弈个体的更新规则更多的是环境依赖性的，而不是收益依赖性的。也就是说个体在更新自己的策略时更多注重的是周围邻居在上一轮中的策略行为，而不是其收益的高低。但目前来说，收益依赖性的策略更新方式仍旧是最主要的策略更新方式，这与经济学中经济人假设是一致的。

3.3 网络结构与合作行为的共生演化研究

我们发现，在以上两类文献的探讨中，网络结构一般都是外生给定的，不会随着个体行为的演化而演化，但实际上还存在一部分研究，它的研究着眼点于通过某种机制实现个体的行为策略和网络结构的共生演化。Perc 和 Szolnoki（2010）指出了能够实现合作和网络结构共生演化的四个方面：动态的相互作用、基于博弈演化的网络增长、融合个体的多样性的网络拓扑演化、基于博弈个体自由移动的网络拓扑演化。对于探究合作演化问题，基于网络拓扑与策略的共生演化更加接近现实的研究视角（Perc 等，2010），引起了极大的关注。

Rand 等（2011）、Sanchez（2018）和 Fehl 等（2011）用行为实

验的方法研究了不同机制下动态的社会网络对合作演化行为的影响，研究结果发现动态的社会网络有利于促进合作行为的涌现。Fu 等（2007a）的研究表明，行为个体通过记忆邻居采取背叛策略的次数来更新网络结构，这一机制促进了合作行为的演化，随着博弈轮数的增加，合作水平逐渐下降。Sicardi 等（2009）研究发现随机移动和空间结构共同提高了合作水平，仿真的结论表明，动态的网络结构有利于合作行为的涌现，条件是网络结构更新的速率高于博弈机制更新的速率。Melamed 等（2016）的仿真研究也表明动态的网络结构有利于合作行为的涌现。以上的研究表明，关于动态社会网络结构对合作行为的影响，仿真与实验的研究结论具有一致性。这是因为社会连接具有流动性，为了使得将来有博弈个体与自己连接，大多人采取了合作策略，从而促使了合作行为的涌现。Rand 等（2011）的实验通过两方面论证了动态的社会网络有利于合作行为的涌现。第一，实验设置四种不同的网络结构：固定结构、随机网络结构、策略连接结构更新的速率较大和较小，研究结果表明，策略连接结构更新速率较大（动态的社会网络）的网络结构的合作水平更高更稳定，动态的社会网络为合作行为的涌现提供了有利的环境。第二，动态的社会网络促使了网络异质性的形成，即动态的社会网络使得博弈个体连接的数目有较大的变化。研究发现，合作者之间（CC）的连接相比 CD/DC、DD 之间的连接更稳定，其中 C 为合作者，D 为背叛者。从整体来看，合作者相比背叛者有更多的连接数目，因此，从行为实验的角度验证了动态的社会网络有利于合作行为的涌现。另外，通过 Gracia-Lázaro（2012）与 Rand 等（2011）两篇文章的比较可以发现，相比被动网络结构形成的异质性，主动形成的网络结构的异质性更有利于合作行为的演化。被动的网络结构的异质性是指初始时，网络结构的异质性已经形成，以此为载体，个体进行演化博弈；主动网络结构的异质性是指在演化博弈的过程中形成了网络结构的异质性。关于动态社会网络结构对合作行为的影响，仿真与实验的研究结论具有一致性。这是因为社会连接具有流动性，博弈个体不需要放弃合作惩罚搭便车者，为了使得将来有博弈个体与自己连接，大多人采取了合作策略，整体来看，促使了合作行为的涌现。Fehl 等（2011）也用实验的方法证明了，与静态网络相比较，动态的社会网络更有利于合作水平的提高。

Eguíluz 等（2005）应用计算经济学的方法，考虑了基于不同社会身份的策略行为与社会网络结构的共生演化，结果发现领导人的社会身份在合作演化中起到了重要的促进作用。Fosco 和 Mengel（2011）通过考虑模拟邻居的策略与邻居的连接方式实现了社会网络结构和策略的共演化。动态的社会网络结构在合作的演化过程中起着重要的作用（Bilancini and Boncinelli, 2009；Angus, 2008；Efferson 等, 2015；Nowak and Sigmund, 1993；Lazer 等, 2001）。

博弈个体的迁徙是形成网络拓扑与合作策略共生演化的重要方法之一。网络结构促使合作能够形成的一个重要原因是正向聚集（Positive Assortment），也就是说，通过某种机制促使合作者聚集成一类，从而远离背叛者，抵制背叛者的入侵，促使合作行为的涌现（Nowak and May, 1992；Killingback and Doebeli, 1996）。而个体迁徙是促使正向聚集形成的重要机制之一，对合作行为的演化产生了重要的影响（Sicardi 等, 2009）。

3.3.1 个体迁徙对合作演化的双重作用

个体迁徙对合作行为的影响是一把双刃剑。Enquist 等（1993）研究了迁徙生物的合作演化。这篇文章通过引进个体移动寻找新伙伴的时间与形成联盟的时间，探讨了合作演化的可能性。研究表明：行为个体的迁徙严重限制了合作的演化。原因是背叛者通过迁徙可以利用合作者，从而减少了合作者的数量。但群体数量与群体密度直接影响了背叛者寻找合作者的时间，因此可以通过控制社会环境，找到合作演化的可能性。个体迁徙使得合作者暴露于背叛者面前，严重侵蚀了合作邻域，所以说，个体的迁徙并不总是导致合作的形成（Dugatkin and Wilson, 1991）。

Vainstein 等（2007）在《理论生物》上发表了文章，对个体迁徙是否减少合作提出了质疑。该文章基于"总是移动"（always-move）规则，讨论在最少条件下的合作行为。研究表明，通过"总是移动"规则，合作行为不仅成为可能，而且合作水平有所提高，在适当的群体密度和迁徙速率下，合作行为得以建立。这是因为通过控制群体密度和迁徙速率，增加了合作的可能性。

2007 年，Vainstein 等（2007）在对个体迁徙是否减少合作提出了疑问。2009 年，Sicardi 等（2009）给出了正面回答：随机迁徙和空间结构提高了合作水平。该文章通过研究雪堆博弈、囚徒困境和猎鹿博弈，发现个体迁徙抑制了雪堆博弈中阻碍合作的因子，而Hauert（2004）的研究表明空间结构抑制了雪堆博弈中的合作演化。并且 Vainstein 等（2007）还发现了在囚徒困境和猎鹿博弈中出现的大量合作行为。研究发现，与个体不迁徙的情况相比较，随机迁徙在群体密度值适中时提高了合作水平，尤其是雪堆博弈中的合作水平得到极大的提高，表明随机迁徙和网络结构确实有利于合作行为的涌现。

另外，个体博弈对象的选择也是个体迁徙的特殊形式，只不过这种迁徙的范围是局部的，但这种改变仍然对合作演化产生了重要的影响（Barr 等，2010；Li 等，2013）。Fu 等（2008）研究了社会网络中基于声誉机制的伙伴选择，此机制促进了合作的涌现。他们通过引进声誉机制，将移动机制设计为：与声誉最低的伙伴断开连接，在邻居的邻居里选择声誉最高的进行重新连接。研究发现，基于声誉机制的伙伴选择为合作行为的涌现提供了有利条件。改变博弈的对象也是一种特殊的迁徙，只不过这种迁徙的范围是局部的。

Hanaki 等（2007）在个体行为和网络结构共生演化的环境下探讨了合作行为的涌现。在其模型中，个体不仅学习收益最高个体的策略，而且根据成本—收益的比较来选择个体的博弈对象进行连接或断开，具体来说，当个体选择断开或连接时的收益要大于这样选择的损失。在个体选择博弈对象时，假定允许个体可以单方地断开连接；但只有在双方都同意的条件下，连接才可以建立。研究结果发现，基于成本—收益比来改变社会网络结构的方式实现了合作策略与网络结构的共生演化，而且，在稀疏的网络中可以取得高水平的合作。在这里，策略的演化称为行为的动力学；博弈对象的选择称为交互的动力学。另外，当个体之间的连接需要成本时，可以产生更高的合作水平；相反，当个体之间的连接非常容易或者朋友的朋友之间相互交互的概率较高时，群体内的合作水平反而不容易提升，这个结论与我们通常的直觉是相反的。产生这样结果的是因为，低的连接成本使得背叛者有更多的博弈对象，进而，可以获得更高的收益，使得更多的合作者在策略学习阶段成为背叛者，所以说，当连接成本较低时，不利于群体内合作水平的提高。

因此，个体迁徙对群体的合作水平具有双重作用。一方面行为个体中的合作者可以通过迁徙逃避背叛者，向合作者的团块移动从而有利于合作水平的提高（Vainstein 等，2007）。也就是说当合作者与合作者相遇的概率高于合作者与背叛者相遇的概率时，自然选择支持合作，这种现象称为正向聚集（positive assortment）；另一方面行为主体中的背叛者也可以通过迁徙趋向合作者而得到较高的收益，从而导致合作的瓦解（Enquist 等，1993）。所以在不同的条件或不同的机制下，个体的迁徙对合作演化的结果可能会产生不同的影响，所以，这是研究个体迁徙对合作演化影响的重要原因所在。从个体迁徙的视角对合作演化进行研究的目的是找到个体迁徙中有利于合作涌现的条件，避开破坏合作行为的不利条件，从而为合作行为的涌现提供一个有利的环境。最终，通过特定的个体迁徙机制，群体中的合作者可以聚成团块，形成合作者的海洋，并逐渐扩大直至成为合作者的天堂，背叛者的地狱，实现合作策略与网络结构的共生演化。

3.3.2 个体迁徙促进合作的多种机制研究

个体迁徙是实现社会网络结构与博弈共演化的重要途径之一。社会网络上个体的迁徙对合作演化起作用的机理主要在于：行为个体的迁徙改变了行为个体的连接方式即改变了行为个体的博弈结构和策略学习的对象，从而实现了对合作演化的影响。个体迁徙能够在很多条件下促进合作行为的演化。那么，个体迁徙机制背后所反映的现实问题是什么？特定的迁徙机制为什么能够促进合作行为的涌现？具体在怎样的条件下，个体迁徙才可以促进合作的建立？已有大量文献对这些问题进行了解答。关于网络结构上个体迁徙促进合作行为的机制研究可以归纳为三种：一是与收益有关的个体迁徙；二是与策略有关的个体迁徙；三是二维平面上个体的随机迁徙。

1)　与收益有关的个体迁徙机制对合作演化的促进作用

　　与收益相关的个体迁徙机制主要是对预期位置的收益与目前位置的收益进行比较，以此来判定个体是否迁徙，收益是用来度量个体是否迁徙的重要标准。Hagmann 等（2014）研究了基于网络的空间协调博弈中个体迁徙对均衡选择的影响，个体迁徙的依据如下：分别计算在迁徙位置与目前位置的协调博弈中最好反馈策略对应的平均收益，若迁徙位置的平均收益高于目前位置，则博弈个体以一定的概率值迁徙到新位置，否则，博弈个体停留在原位置保持不动。Barr 等（2010）主要探讨了个体迁徙导致的内生化邻居选择对空间上的囚徒困境演化博弈结果的影响。展开来讲，应用基于主体的仿真，探讨了环、二维方格、离散网络三种不同网络类型上的个体迁徙对合作演化的影响。个体的迁徙机制为：如果预期位置的平均收益高于目前位置的收益，则个体迁徙。研究结果表明，在一定的条件下基于收益的个体迁徙有利于空间囚徒困境中合作行为的涌现。上述结论成立需满足以下条件：一是行为个体的邻居合作速率越高，则个体的收益越高，这是由博弈类型决定的；二是博弈个体有能力进行收益的比较；三是个体邻居合作速率的增加有利于下一轮中合作速率的增加，这是由策略更新决定的；四是适当的网络结构抵消了个体迁徙的负面作用。Roca 和 Helbing（2011）研究了基于个体的贪婪程度所导致的迁徙对社会凝聚力的影响。他们以个体的满意度为基准进行策略和位置的更新，个体的满意度以个体的贪婪程度来度量。探究的因变量为社会凝聚力，社会凝聚力包含了高水平的合作和紧密的社会纽带关系。在演化的过程中，个体策略更新和位置更新（迁徙）两者同步进行，更新的条件为：当博弈者满意时，个体保持目前的策略和位置，否则，随机更新之，更新的概率正比于不满意度。以公共品博弈中扩大因子 r 和贪婪程度为控制变量，研究了贪婪程度内生化情况下，对因变量的影响。研究表明，适中的贪婪程度促进了合作行为的涌现和紧密社会关系的稳定性；较高的贪婪程度破坏了合作和社会凝聚力。另外，Lin 等（2011）假定迁徙的标准以生活中的预期收益为主，若博弈个体的收益低于最低生活水准时，博弈个体以一定的速率移动到一个随机选择的位置，研究结果发现，当最低生活标准和交互半径适中、移动速率较低时，支持了合作行为的涌现。Cheng 等（2011）的研究表明，与收益有关的迁徙速率提高了合作水平。

2) 与策略有关的个体迁徙对合作演化的促进作用

Aktipis 等（2004）探讨了合作者如何利用移动达到自己的目的，从而促进合作行为的涌现。在此，Aktipis 等引进了"逃离"（walk away）策略，"逃离"策略定义为：当对方合作时留下来，当对方背叛时离开，"逃离"是基于策略的个体迁徙。他们把个体迁徙视为一种策略，并且与"一报还一报"策略进行了对比，研究发现："逃离"策略抵制了背叛者的入侵，而且与其他策略相比，可以入侵较低初始频率的背叛者群体，验证了"逃离"策略的有效性。但以上的研究是基于个体的，2011 年，Aktipis（2011）拓展了 2004 年提出的"逃离"策略，将逃离策略从个体扩展到群体，从由是否合作来决定个体迁徙规则到由博弈个体的收益是否超过某个临界值 T 来决定是否迁徙，临界值 T 代表了个体对背叛者的容忍程度。研究发现，无论是合作的临界值越大还是背叛者的临界值越大时，空间结构都被合作者占领。临界值 T 越大意味着对背叛者的容忍程度越低，合作者的临界值越大使得合作者可以快速逃离背叛者的利用；背叛者的临界值越大虽然使得背叛者可以逃离背叛者的群体，但是较大的临界值使得背叛者不能够保持稳定，降低了他们的适应度，因而，有利于合作者的涌现。这些结果表明："逃离"策略有利于合作的演化。

3) 二维平面上的随机迁徙对合作演化的促进作用

该移动机制由移动速率和移动方向决定（Chen 等，2011；Antonioni 等，2014）。Ichinose 等（2013）应用仿真实验的方法，研究了空间囚徒困境上适应性的长距离移动对合作演化的影响，发现适应性的长距离移动极大促进了合作，尤其在背叛诱惑值很高的条件下；并且在其他噪声条件下，合作的涌现仍然比较稳健。Barr 等（2010）和 Hagmann 等（2013）也研究了行为主体移动导致的邻居内生化的选择，研究结果表明博弈个体的移动增加了协调博弈中帕累托纳什均衡出现的概率。

3.3.3　影响个体迁徙因素的研究

不管是动物的迁徙还是个体的迁徙，均受诸多的环境因素影响。诸如，群体密度（Sicardi 等，2009）、迁徙速率（Cheng 等，2011；Chen 等，2011）、迁徙范围（Zhang 等，2014；Smaldino 等，2012）等因素的变化影响着个体迁徙，进而对合作结果产生影响。根据目前的研究可以将影响个体迁徙的因素主要归纳为三个方面：群体密度、迁徙速率和个体互动社区的半径或者说个体迁徙的范围。

1) 群体密度对合作演化影响的结果

因为博弈个体若在网络结构上按照一定的迁徙方式进行移动，网络中必须存在不被个体占据的位置即空白位置，否则个体无法迁徙。一般用非空位置或空白位置在整个网络结构规模中所占的比例来定义群体密度。Helbing 等（2008）研究表明，群体的合作水平依赖于群体的密度值，在此文中，群体密度用空白位置在整个群体中所占的比例表示。研究发现，在较小的群体密度时，个体移动破坏了合作行为；当群体密度在中间值时，群体的合作水平达到最高。对比发现，与个体不移动相比较，个体移动提高了合作水平。因为当群体的密度较小时，合作者不能利用空白位置逃脱背叛者的利用；

但群体密度较大时，一方面，背叛者可以快速地找到合作者，另一方面，群体密度较高使得合作者没有足够的空白位置进行迁徙，不利于合作水平的提高。因此，适中的群体密度值是取得高合作水平的最优条件。

2）个体的迁徙速率对合作演化的影响

博弈个体以一定的概率移向另一个位置，这个概率用来度量迁徙速率。当个体迁徙速率为 0 时，退化到个体不移动的情况。实际上，个体的各种迁徙机制是通过迁徙速率来影响合作演化的。个体在迁徙的过程中，可以通过调整不同类型个体的迁徙速率使得合作者能够不被背叛者利用，适当的迁徙速率可以促使合作团簇的形成。Suzuki 等（2011）研究了合作与移动共演化的振动动力学，基于个体的仿真模型，探讨了合作与迁徙的动力学。研究表明，在没有认知能力和记忆力的情况下，通过微调动移动速率可提高合作水平。Sicardi 等（2009）的研究也表明，一个较小但非零的移动速率使得合作水平达到最优，这是因为较快的移动速率使得背叛者寻找合作者的时间缩短，从而不利于合作行为的涌现。

3）个体互动社区的半径或者说个体迁徙的范围对合作演化的影响

个体互动社区的半径越大，则个体可迁徙的范围越大。Ichinose 等（2013）的研究表明，在适应性移动机制下的长距离移动提高了合作水平；Fu 等（2013）从理论上证明了全局性移动更有利于空间选择。Chen 等（2011）分别研究了囚徒困境博弈和雪堆博弈中互动社区的半径对合作演化的影响，结果表明，一个中间值的互动半径更有利于合作行为的演化。

目前关于迁徙成本这一因素对合作演化影响的研究较少。已有的研究表明迁徙成本虽然抑制了行为主体的移动，但没有压抑合作行为的涌现（Liu 等，2012；Bednarik 等，2014）。在现实中，个体的移动或人类的迁徙既要考虑自身的影响，也要考虑周围客观环境的影响，到底什么样的迁徙机制既能够反映现实，又能够为合作的演化提供有力的解释，这是下一章的重点研究内容。

第4章 基于"近君子，远小人"的迁徙机制对合作演化的影响

4.1 迁徙成本

在上一章关于个体迁徙的相关文献中，我们可以看到，影响个体迁徙的因素有很多，诸如迁徙速率、迁徙半径以及群体密度等，但迁徙成本作为决定个体是否迁徙的重要因素之一，在以往的研究中却鲜有讨论。然而在现实生活中，迁徙成本对决定个体是否迁徙起着至关重要的作用，当迁徙成本较高时，个体一方面要考虑自身有没有足够的能力去承担这个成本；另一方面，高额的成本所带来的回报是否值得个体进行迁徙？所以，在个体的迁徙机制中探讨迁徙成本这一因素对空间囚徒困境博弈合作解的影响，有重要的现实意义。当然，在个体迁徙的机制中增加讨论迁徙成本这个因素，对于丰富个体迁徙机制的内容也具有重要的理论意义。

成本是经济学中基本而又重要的概念，基于成本—收益的分析是经济学的主要研究范式之一。迁徙成本的大小是个体迁徙时首先考虑的因素之一。具体而言，迁徙成本体现在以下两点：第一，个体从一个位置移动到另一个位置需要花费一定的费用；第二，个体之间维持关系或切断关系也需要一定的费用。Liu 等（2012）在"成功驱动"（success-driven）的迁徙机制中引入了迁徙成本这一因

素，迁徙机制为若预期位置的收益减去成本高于目前位置的收益，则个体进行迁徙。研究结果发现迁徙成本的引入虽然抑制了行为主体的移动，降低了社会网络结构更新的速率，但没有压抑合作行为的涌现。然而，在现实生活中个体的迁徙并不只是以收益作为唯一的考量标准，实际上，个体在决定是否迁徙时首先要判断自身所处的环境，最简单的就是观察周围的人属于什么样的类型。具体到博弈行为中，就是观察周围的邻居是不是都是合作者，若周围的邻居都是合作者，无论个体自身是什么策略类型，此时，个体都不会迁徙。这是因为，个体无论是出于利益最大化还是中国传统下的"近君子"行为，个体都不会离开这个比较完美的环境。其次，当个体判定邻居中有背叛者时，此时，个体会以一定的概率离开目前的环境，这是"远小人"的行为。"远小人"的概率依赖于个体自身的收益与迁徙成本的大小，迁徙成本的大小对个体而言实际上是相对于个体所拥有的收益来说的。一般来说，迁徙成本越高个体移动的概率越低，而个体自身的收益越高则移动的概率也会越高，这是因为收益越高的个体越有能力追逐更完美的环境。具体来说，我们可以看到在金融市场上富有的商人会更积极地寻找新的投资区域，而生活在底层的人们因为资金缺乏，在寻找新的投资机会方面显得很被动。Cheng 等（2011）也研究了基于收益的个体迁徙对合作演化的影响，在他们的研究中，个体迁徙的速率与个体的收益也成正比，研究结果表明基于收益的个体迁徙促使了合作行为的涌现。另外一点，与 Liu 等（2012）不同的是，我们将收益与成本的相对比值引进到迁徙速率中，以此来考察迁徙成本对迁徙速率的影响。综合以上，我们在空间囚徒困境博弈中提出了"近君子，远小人"的个体迁徙模型，即假设在个体的局部网络结构中，当个体的邻居全部为合作者时，个体不移动，这是"近君子"的行为；否则个体以与收益—移动成本相关的概率移动，这是"远小人"的行为。接下来，我们运用计算机仿真模拟了群体的演化过程，研究结果表明"近君子，远小人"的迁徙机制在较大的参数空间内提高了空间囚徒困境博弈中的合作水平，为理解合作的演化提供了新的思路。为了进一步检验"近君子，远小人"迁徙模型的合理性，我们设计并执行了不同条件下的行为实验，实验结果表明，实验被试的确在决策过程中表现出了"近君子，远小人"的迁徙行为，为仿真的研究增加了实证检验。

4.2 相关文献回顾

本节，我们主要对"近君子，远小人"的个体迁徙与合作演化的相关文献进行梳理。

在"近君子"的个体迁徙对合作演化影响的相关文献中，主要涉及的是基于策略的个体迁徙（Cheng 等，2010；Aktipis 等，2011），我们已经在第 3 章中对此相关文献进行了回顾，本节简略介绍此类文献。基于策略的个体迁徙，最经典的就是 Aktipis 等（2004）提出的"逃离"策略，这一迁徙策略可以近似看作"近君子"行为。"逃离"策略是指当个体的博弈伙伴采取背叛策略时个体离开，并且与"一报还一报"（TFT）策略进行了对比，结果发现"逃离"策略不仅能够有效抵制背叛者的入侵，而且可以成功入侵较低初始比例的背叛者的群体。Cheng 等（2010）在研究与策略有关的个体迁徙时，发现合作者的移动速率小于背叛者时有利于合作水平的提高；关于"远小人"的个体迁徙涉及的是与收益有关的个体迁徙以及与成本有关的个体迁徙。例如，Helbing 和 Yu（2009）在二维方格的囚徒困境博弈中提出了"成功驱动"的迁徙机制，同时在该模型中引进了对合作团簇造成破坏的策略突变率。仿真结果表明，此迁徙机制为合作水平的提高创造了有利的条件。但迁徙成本作为影响社会网络上个体迁徙的一个重要因素，除了 Liu 等（2012）的研究之外，目前，仅有少量的仿真研究被报道。Bednarik 等（2014）通过实验经济学的方法，研究了成本对合作水平的影响。结果表明维持伙伴关系的成本虽然减少了网络结构的动力学但并没有减少合作行为。在个体迁徙时考虑迁徙成本，对背叛者来说相当于引入了惩罚者的角色，一定程度上减少了背叛者通过移动利用合作者的机会。Hanaki 等（2007）应用基于成本—收益比改变社会网络结构的方式实现了合作策略与社会网络结构的共生演化。

在以上有关个体迁徙对合作演化影响的文献中大部分只考虑了一种因素对个体迁徙的影响，但现实生活中个体的迁徙往往不是由一种因素造成的。本书综合考虑了策略与迁徙成本，即"近君子，远小人"的迁徙策略对合作演化的影响，仿真结果显示，这种迁徙机制为理解社会合作的涌现提供了一种新的视角。

4.3 基于"近君子，远小人"的个体迁徙演化模型

基于"近君子，远小人"的个体迁徙主要包括两部分：一是"近君子"，即当个体周围的邻居全部是合作者时，个体不迁徙；二是"远小人"，当个体的邻居中有背叛者时，个体进行迁徙，迁徙的概率与收益正相关，与迁徙成本负相关。基于"近君子，远小人"的个体迁徙速率用数学等式表达，如（1）式所示。

$$v_i = \begin{cases} 0 & , N_D = 0 \\ \alpha \times \dfrac{P_i}{P_i + c} & , N_D \neq 0 \end{cases} \qquad (1)$$

其中，v_i 为行为个体 i 的移动速率；N_D 为个体 i 所有邻居中背叛者的数目；α 为调控参数，可以理解为个体的风险偏好系数，本章中将个体的风险偏好设为同质性，给定 $\alpha = 0.5$，即假定所有的个体为风险中性的；P_i 为行为个体 i 与所有邻居博弈后的收益；c 为迁徙成本。

在本章中给定网络结构规模为 $L \times L$ 的具有周期性边界条件的二维方格上。每个行为主体有四个邻居的位置，即考虑二维方格上的纽曼（Neumann）邻域，每个位置被一个个体占据或空着，给定 $L = 40$。假定行为个体的数目为 N，行为个体包括合作者与背叛者，且数目均为 $N/2$，他们随机分布在空间结构中，群体密度定义为：$\rho =$

$\dfrac{N}{L \times L}$,即非空白节点在空间中所占的比值,$1 - \rho$ 为空间中空白节点的比例。

本书中的网络囚徒困境博弈与第3章3.2.2节基本一致,为了使我们能够更好地了解整个模型,在此,我们对二维方格上的囚徒困境博弈进行简要介绍。在演化的初始条件下,二维格子上的个体随机采取合作(C)或背叛(D),个体与周围所有邻居同时进行博弈,博弈时对所有的邻居采取相同的策略,其收益为与所有邻居博弈收益之和。定义博弈支付矩阵 A 如下:

$$\begin{array}{cc} & \begin{array}{cc} C & D \end{array} \\ \begin{array}{c} C \\ D \end{array} & \begin{pmatrix} R & S \\ T & P \end{pmatrix} \end{array} \tag{2}$$

其中,C 为合作策略,D 为背叛策略。R、S、T、P 分别为博弈支付矩阵中的参数,囚徒困境满足 $T>R>P>S$,$2R>T+S$,存在唯一的纳什均衡 (D, D)。为了简化分析,一般将参数空间标准化为(Santos 等,2006;Roca 等,2009):$R = 1.0$,$S = 0.0$,$T = b$,$P = 0.1$,"背叛诱惑" $T = b$ 成了代表博弈支付矩阵的唯一参数,博弈支付矩阵如表 4.1 所示。

表 4.1　囚徒困境博弈支付矩阵

	合作	背叛
合作	1.0, 1.0	0.0, b
背叛	b, 0.0	0.1, 0.1

对给定社会网络结构,个体进行囚徒困境博弈的收益函数为:

$$P_i = \sum_{j \in \Omega_i} u_i{}' A u_j, \quad u_i^c = \begin{pmatrix} 1 \\ 0 \end{pmatrix} \quad u_i^D = \begin{pmatrix} 0 \\ 1 \end{pmatrix} \tag{3}$$

式中,u_i 为个体 i 的策略,Ω_i 为行为主体 i 的所有邻居。

二维方格上的演化博弈模型主要由三部分组成:行为个体的博弈、策略更新以及行为个体的迁徙。

1）行为个体的博弈：

在二维方格上的行为个体与实际存在的邻居进行囚徒困境博弈，并用公式（3）计算其与所有邻居的总收益 P_i。在接下来的结果分析中，除了分析累计时间的收益函数对合作演化的影响，其他情况下，我们考虑的是单轮的收益函数，即在下一轮计算收益时，将上一轮的收益重置为 0。

2）策略更新：

行为个体 i 对上一轮中的所有邻居（包括自己）的收益进行排序，下一轮的策略模拟收益最高个体的策略，本模型中策略更新的方式采用了异步策略更新。

3）行为个体的迁徙：

个体在给定的网络结构上按照"近君子，远小人"的迁徙机制进行移动。

根据上述模型，应用基于 Netlogo 的仿真方法模拟该群体的动态演化过程，具体步骤如下：（1）给定网络结构的规模 L 以及群体规模 N，此时给定了群体的密度值 ρ；（2）所有的行为个体进行博弈收益的计算；（3）选中的行为个体 i 进行策略更新；（4）选中的行为个体 i 按照公式（1）进行移动；（5）重复步骤（3）~（4）直至执行完网络结构上的所有行为个体；（6）所有个体以概率 q 进行突变，演化动力学假定每一类型的个体都会以一个非常小的概率 q 随机变换成其他类型，q 被称为突变率或噪声（叶航，陈叶烽和贾拥民，2013）；（7）重复步骤（2）~（6）直至执行完预定的仿真代数。具体仿真程序参考附录代码表 1。

在系统达到演化稳定均衡状态后，计算该群体中合作者的比例，以此来判定群体中的合作演化情况。基于"近君子，远小人"的迁徙演化模型，我们主要回答两个问题：一是，"近君子，远小人"的迁徙模型对合作的演化是否有效？在演化的过程中能否形成合作者的团簇以及这种合作团簇保留下来的原因所在。二是，在"近君子，远小人"的迁徙机制下，不同的参数值对合作水平的影响，在下一部分的结果分析中，将重点围绕这两个问题进行展开。

表 4.2 展示了本章所使用符号及其含义。

表 4.2 本章符号汇总表

符号	含义
C	合作
D	背叛
u_i	个体 i 的策略属性
u_i^C	个体 i 的策略为合作
u_i^D	个体 i 的策略为背叛
P_i	个体 i 的博弈收益
$\alpha = 0.5$	风险中性
b	背叛诱惑参数
c	迁徙成本
q	突变率
f_c	群体合作水平
ρ	群体密度值

4.4 仿真结果分析

4.4.1 二维方格上的个体迁徙对合作演化的影响

合作行为的演化结果主要体现在合作者的数目在群体规模中所占的比例。假定社会网络中所有个体的数目为 N，合作者的数目为 N_c，合作水平或合作者的比例可以表示为 $f_c = N_c/N$，初始状态给定合作者的比例为 0.5。

首先，我们探讨"近君子，远小人"的个体迁徙机制对网络囚徒困境博弈中合作演化的有效性。图 4.1 显示了在"近君子，远小人"的迁徙机制下合作的演化过程，即合作者的数目随时间的变化趋势。仿真结果表明，无论有无突变率（$q = 0.0$ 为无突变率，$q = 0.001$ 为有突变率），基于"近君子，远小人"的迁徙机制在给定的参数空间内提高了群体的合作水平，为促进合作行为的涌现提供了良好的机制。图 4.1（a）和图 4.1（c）显示了在没有突变率的情况下，不同背叛诱惑参数 b 值和迁徙成本 c 值下合作趋势的演化。通过图 4.1（a）和图 4.1（c）可以发现：无论是较小的 b 值、c 值还是较大的 b 值、c 值，在演化的最初期，合作者的数目先迅速下降然后经过短暂的振动，合作水平逐渐上升直至呈现稳定状态，约为 0.8；图 4.1（b）和（d）显示了在突变率 $q = 0.001$ 的情况下，不同背叛诱惑参数 b 值和迁徙成本 c 值下合作趋势的演化。虽然在有突变率的情况下随着成本的增加合作水平相应降低，但在较高成本时合作行为仍然可以涌现出来，说明"近君子，远小人"的迁徙机制极大地促进了合作的演化。此机制对合作的促进作用主要是由两方面原因引起的，一方面"近君子"的行为（当周围邻居的策略类型全部为合作者时个体不移动）有效地促进了网络中合作者团簇的涌现，为合作的蔓延提供了有利的条件；另一方面"远小人"的移动有效地调节了个体移动的速率，从而降低背叛者入侵合作者的机会，避免过高的移动速率增加背叛者寻找合作者的可能性，以上两者为稳定的合作秩序的演化提供了有力的保证，实现了社会结果最优。

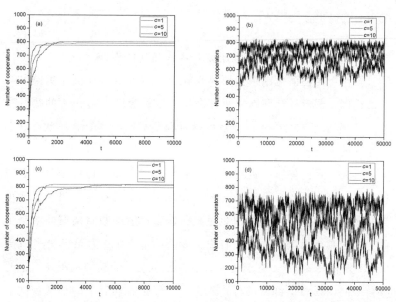

图 4.1   基于"近君子，远小人"的迁徙机制下，合作的演化过程

（a）$q = 0.0$，$b = 1.2$；（b）$q = 0.001$，$b = 1.2$；

（c）$q = 0.0$，$b = 1.4$；（d）$q = 0.001$，$b = 1.4$；

仿真参数：$\rho = 0.625$。

图 4.2 探讨了"近君子，远小人"的迁徙机制下，群体密度 ρ 对合作演化的影响。在现实生活中，群体密度 ρ 我们可以理解为社会网络中的人口密度，当人口密度太大时整个社会网络结构呈现拥挤现象，阻碍了个体迁徙的可能；而人口密度较小的社会网络结构为个体迁徙提供了更高的可能性。图 4.2 结果表明对不同的背叛诱惑 b 值都存在一个最优的密度值使得社会网络中的合作水平达到最大值。但个体的突变率使得合作水平在不同的密度值下存在差异性，尤其在群体密度较小时，这种差异性尤为显著。在群体密度较小的条件下，当 $q=0$ 时，随着密度值的增加，合作水平逐渐下降；当 $q=0.001$ 时，随着密度值的增加，合作水平基本不变，维持在 0.5 左右。

图 4.2（a）所示为无突变率时不同密度值对合作水平的影响。无突变率时的结果是因为：当群体密度 $\rho=0.1$ 时，个体基本上孤立地存在于社会网络中，个体之间博弈地可能性很小，能有机会进行博弈的合作者在策略学习时也会变为背叛者，因而合作水平基本上略低于初始状态中合作者的比例；当 $\rho \in (0.1, 0.4)$ 时，随着密度值的增加，网络结构中的个体也逐渐增多，这使得个体之间进行博弈的机会增加，但由于密度仍然较小使得社会网络中没有足够多的合作者能够形成小团簇，因而更多的合作者在策略模拟时转变为背叛者从而降低了合作水平；当 $\rho \in (0.4, 0.75)$ 时，随着密度的增加，社会网络中合作者相遇的机会也逐渐增多，虽然当群体密度 $\rho=0.75$ 时社会网络中的空白位置较少，限制了个体的移动，但基于"近君子，远小人"的迁徙机制主要是逃离背叛者，促使合作团簇的形成，所以只要有一定数量的空白位置就能使得合作者有一定的机会逃离背叛者从而形成合作团簇，实现帕累托最优；但当密度继续增加使得密度太大导致社会网络中的空白位置极少时，合作者逃离背叛者的可能性受到限制，不利于合作团簇的形成，合作水平随之降低。加入突变率 $q=0.001$ 时，如图 4.2（b）所示，在群体密度 $\rho > 0.5$ 时合作水平表现出来的演化趋势和无突变率时基本一致，但在群体密度 $\rho \in (0.1, 0.4)$ 时合作者的比例约为 0.5，群体密度 $\rho=0.5$ 时合作水平急速下降。这是因为：群体密度 $\rho<0.5$ 时，虽然合作者有可能转变为

背叛者，但突变率的加入也使得背叛者有可能变为合作者，两者相互平
衡使得合作水平基本上维持在初始状态的比例值；而群体密度 $\rho = 0.5$ 时
密度值的增加使得更多的合作者策略学习背叛，相比之下，较小突变率
的作用就显得很小，因而合作水平急速下降。综上所述可以看出，社会
网络中的人口密度与合作行为的涌现密切相关。

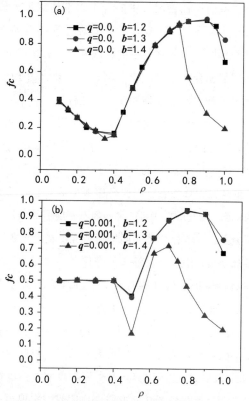

图 4.2   不同群体密度值对合作水平的影响

（a）$q = 0.0$；（b）$q = 0.001$。

仿真参数：$\rho = 0.625$，$c = 1$。本图中的数据来源：每个点为相同初始参
数条件下独立运行 50 次，取 50 次的平均所得。每次演化的代数为 10000，
达到稳定后取最后 1000 代的平均值。

在以上的讨论中，我们假定孤立个体是不移动的。接下来，我们假

定孤立个体以一定的概率进行迁徙，观察合作演化的结果是否受影响。图 4.3 显示了孤立个体移动的情况下，合作水平受群体密度的影响。与图 4.2 相比较，共同之处是：同样存在最优的密度值使得合作水平达到最高；不同之处在于：在相同的条件下，使得合作解最优的密度值存在差异。孤立个体迁徙情况下的最优密度区间的范围要大于孤立个体不移动的情况；另外，在群体密度较小时，两者之间的合作水平差别明显。由图 4.3 (a) 可以看出，当突变率 $q = 0.0$，背叛诱惑参数 $b = 1.2$ 时，在群体密度 $\rho \in (0.1, 0.2)$ 时，合作水平几乎为 0。这是因为，孤立个体的迁徙使得更多孤立的合作者策略学习成为背叛者，导致了合作的瓦解。当群体密度 $\rho \in (0.2, 0.4)$，合作水平随之增加，而且当群体密度 $\rho \in (0.4, 0.9)$ 时，此时的合作水平高达 1。这是因为，孤立个体的迁徙扩大了合作者的团簇，提高了合作水平。当突变率 $q = 0.0$，背叛诱惑参数 $b = 1.4$，群体密度 $\rho \in (0.2, 0.4)$ 时，合作行为不能够建立，因为较大的背叛诱惑参数 b 值使得更多的合作者变为背叛者。由图 4.3 中 (a) 和 (b) 可以看出，突变率 $q = 0.001$ 时的曲线形状与无突变率 $q = 0.0$ 是相似的。在接下来的讨论中，我们仍然假定孤立的个体是静止的，因为不管孤立个体是否移动，对于其他参数的曲线形状不存在显著差异。以上对群体密度值这一变量的讨论也验证了群体规模对合作演化的影响。在给定的网络规模基础上，要取得高水平的合作，这个网络中的群体规模数目既不能太大，也不能太小。

接下来分析迁徙成本 c 值的变化对合作演化的影响。对图 4.4 中 (a) 与 (b) 观察可以发现，给定其他参数，在无突变率即 $q = 0$ 时，成本的增加对合作水平无显著影响，即使较高的成本下合作水平仍然很高，约为 0.8；而在突变率 $q = 0.001$ 时，随着迁徙成本的增加合作水平逐渐降低直至趋于 0。这是因为，迁徙成本较小时，空间结构中的合作者有足够的资金能力逃离背叛者，扩大了合作团簇的形成，因而提高了社会网络中的合作水平。在迁徙成本较大时，一方面较大的成本减少了合作者逃离背叛者的可能性，降低了合作水平，另一方面从长期演化的角度分析，较小的移动速率仍然使得合作者

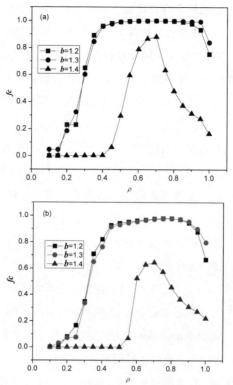

图 4.3 孤立个体移动的情况下，不同密度值对合作水平的影响

（a）$q = 0.0$；（b）$q = 0.001$。仿真参数：$\rho = 0.625$，$c = 1$。

有机会逃离背叛者进而促使小合作团簇的形成。从长期来看，虽然较大的成本降低了社会网络结构更新的速率，但并没有降低合作水平，这与 Bednarik 等（2014）用实验的方法得出的结论相吻合。所以从演化的角度来看，即使在较高的成本下，"近君子，远小人"的迁徙机制对合作的演化仍具有有效性。而在有突变率的情况下，成本较小时维持较高合作水平的原因和无突变率时原因类似。不同的是，在成本较大时，合作不能演化出来的原因在于两方面：一是突变率的引进破坏了群体中存在的小合作团簇，使得小合作团块急速瓦解；二是较大的成本降低了合作者逃离背叛者的可能性，减少了合作团簇形成的机会，两者共同起作用导致合作最终瓦解。

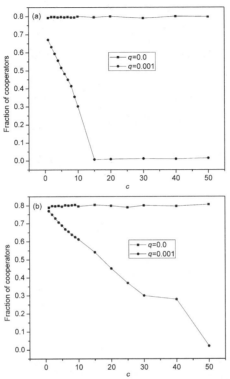

图 4.4　"近君子，远小人"的迁徙机制下合作水平随 c 值的变化趋势

（a）$b=1.4$；（b）$b=1.2$。仿真参数：$\rho=0.625$。

图 4.5 讨论了"近君子，远小人"的迁徙机制下，给定其他参数条件，"背叛诱惑" b 值对合作演化的影响，结果表明，在较小的背叛诱惑 b 值时群体呈现了较高的合作水平，随着背叛诱惑 b 值的增加合作水平呈现降低的趋势，且存在合作水平下降的临界值，并且这一结果的成立独立于突变率和迁徙成本。这一结果与 Liu 等（2012）的研究相吻合。这是因为"背叛诱惑" b 值的增加，加大了背叛者与合作者之间的收益之差，使得社会网络中的个体在策略学习阶段更容易模仿背叛者的策略，从而切断了合作者团簇的形成，使得背叛者完全占领二维方格。具体来说，在群体密度 $\rho<1$ 时社会网络中存在一定的空白位置，当背叛诱惑 b 大于临界值时，位于小合作团簇周围的背叛者

的收益以更高的可能性大于合作团簇中合作者的收益，加速了小合作团簇的瓦解，最终使得合作者消失，背叛者统领于空间结构中。所以说，当社会中的背叛诱惑值太大时，社会网络中更多的个体就会抵挡不住诱惑，从而导致许多机制失效或政策失灵。

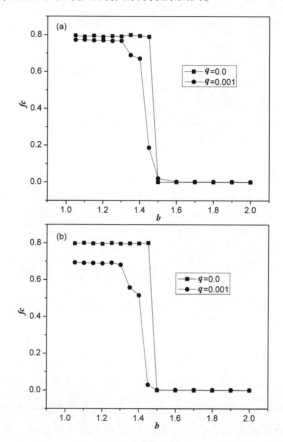

图 4. 5　不同背叛诱惑 b 值对合作水平的影响

（a）$c=1$；（b）$c=5$。仿真参数：群体密度 $\rho = 0.625$。

图 4.6 展示了在不同密度值下，随时间变化的网络结构的状态子图，在初始状态（$t = 0$），我们假定相同数量的合作者和背叛者随机分布在二维方格中。通过观察图 4.6 可以发现：在演化的最初期（$t = 1$），由于迁徙机制几乎没有发挥作用以及背叛者的收益高于合作者，所以社会

网络中的大部分合作者策略学习背叛，从而导致合作水平急速下降，这一现象的出现与群体密度的大小无关。当群体密度 $\rho = 0.2$ 时，由于密度较小社会网络中没有足够多的合作者能够相遇，使得更多的合作者在策略模拟时转变为背叛从而导致合作水平无法上升；当群体密度 $\rho = 0.75$ 时，随着时间的演化（$t = 50$ 和 $t = 200$），"近君子，远小人"的迁徙机制发挥了促进作用，逐渐形成了很多个合作者团簇并逐渐扩大，随着时间的进一步演化（$t = 500$），绝大部分合作者占据于空间结构中，只有少数孤立的背叛者存活下来，此时网络结构不再更新，合作趋于稳定；当群体密度 $\rho = 0.9$ 时，由于社会网络中的空白位置太少，极大地降低了合作者逃离背叛者的可能性，从而使得合作者迅速转变为背叛者，又因为有空白节点的存在保留了一小部分合作团簇，综合这两方面原因导致合作只能维持较低的水平。随时间变化的空间状态子图更加形象地展示了合作者与背叛者在空间结构中的分布情况，为理解基于"近君子，远小人"的迁徙机制对合作演化的影响提供了更直观的方式。

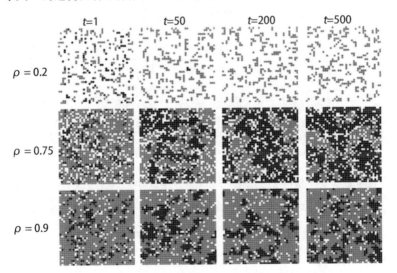

图 4.6　不同密度值下随时间变化的空间状态子图

仿真参数：$q = 0.0$，$c = 1$，$b = 1.4$。

灰色为背叛者，黑色为合作者，白色为空白节点。

图 4.7（a）为 $q = 0.0$，$\rho = 0.625$，$b = 1.4$ 时不同成本下稳定状态的空间子图，（b）、（c）、（d）为突变率 $q = 0.001$，$b = 1.4$ 时不同成本和密度条件下稳定状态的空间子图。基于在极低和极大地密度值时不利于"近君子，远小人"机制的发挥，我们考虑了适中的密度值，分别为群体密度 $\rho = 0.55$、0.625、0.7。通过图 4.7（a）可以发现：无突变率时，随着迁徙成本 c 值的增加空间中合作者和背叛者的比例没有明显的变化，与图 4.4 中无突变率时迁徙成本 c 值与合作水平的关系的结论一致。

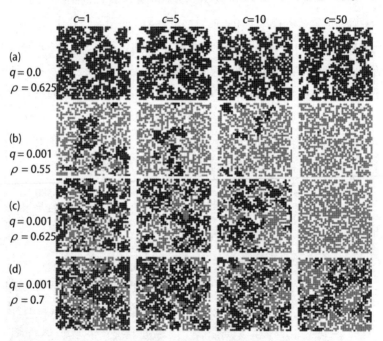

图 4.7　不同 c 值和密度值条件下，合作水平达到稳定状态的空间状态子图

仿真参数：$q = 0.0$，$b = 1.4$。灰色为背叛者，黑色为合作者，白色为空白节点。

图 4.7（b）验证了图 4.4 中有突变率的结论：在各个密度值下，随着迁徙成本 c 值的增加合作水平呈现下降的趋势，且合作水平达到极低的状态时，再随着迁徙成本 c 值的增加空间中的合作者比例无明显变化。另外，由于密度值对合作水平的影响，可以发现使得合作濒临灭绝的 c 值也不同。当群体密度 $\rho = 0.55$，迁徙成本 $c = 5$ 时空

间中极少量的合作者存活，当迁徙成本 $c = 10$ 时空间中几乎没有合作者，而对于群体密度 $\rho = 0.625$，迁徙成本 $c = 5$ 时空间中有大量的合作者存在，迁徙成本 $c = 10$ 时仍有少量的合作者存在，迁徙成本 $c = 50$ 时合作者濒临灭绝，类似的情况发生在群体密度 $\rho = 0.7$ 时。

以上的结果分析是基于模拟收益最高个体的策略，接下来，我们探讨不同的策略更新方式在此迁徙机制下对合作演化的影响。我们假定，个体在策略更新时参照费米更新函数（Szabó 等，1998）：在每一时间步长，节点 i 从其邻居中随机选取节点 j 进行策略更新，节点 i 采取节点 j 的策略的概率为：

$$W(u_i \leftarrow u_j) = \frac{1}{1 + \exp[-(P_j - P_i)/\kappa]} \quad (4)$$

其中，κ 为非理性选择的噪声，$1/\kappa$ 称为选择强度，令 $1/\kappa = \beta$，当 $\kappa = 0$ 且 $P_j > P_i$ 时，节点 i 以概率 1 采取 j 的策略；当 $\kappa \to \square$ 时，节点 i 随机采取 j 的策略，即 i 以 0.5 的概率采取 j 的策略。我们在"近君子，远小人"的个体迁徙模型中，假定个体在策略更新阶段按照费米函数的方式进行策略学习，图 4.8 给出了不同选择强度下，群体合作水平随时间的演化过程。我们可以发现，与模拟最高收益的策略更新方式相比较，在选择强度较小时（ $\beta = 0.05$ ），费米策略更新对于合作行为的提升更有效。如图 4.8（a）和（b）所示，演化稳定均衡状态下的合作水平约为 0.85，高于模拟收益最高策略更新方式下 0.8 的合作水平。另外，我们发现，选择强度的增加不利于合作行为的涌现。具体来说，当选择强度 β 从 0.05 增加到 0.1 时，演化稳定均衡状态下的合作水平从 0.85 下降至 0.8；当选择强度增加到 0.5 时，合作行为遭到严重破坏，使得合作行为不能建立。由图 4.8 的结果可知，此迁徙机制对合作演化的促进作用在费米更新时仍然成立，因此，验证了本章模型的有效性。

在以上的模型中，我们假定个体的收益是不累计的，是"即时回报"的，这个假设更类似狩猎—采集社会，但随着科技的进步和人类文明的发展，社会中的个体会有剩余财富，随着时间的推移，

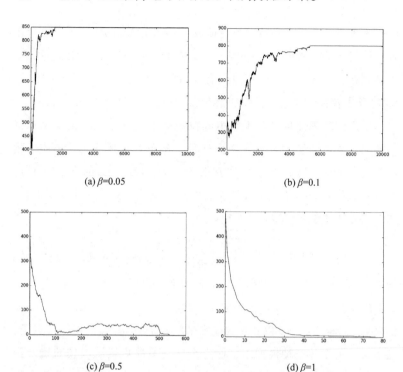

(a) $\beta=0.05$ (b) $\beta=0.1$

(c) $\beta=0.5$ (d) $\beta=1$

图 4.8   不同选择强度下的费米更新函数下的合作演化过程

其他参数：$b=1.4$，$c=1$，$\rho=0.625$。

存在累计财富。基于此，我们假定博弈个体的收益是随着时间的增加而累积的，策略更新和个体迁徙时收益也应用累积收益。图 4.9 展示了累积收益函数下的合作演化过程。结果显示，在应用累积收益函数时，"近君子，远小人"的个体迁徙机制仍然提高了群体的合作水平。与"即时回报"的收益函数相比较，即与图 4.1（b）比较，我们发现，图 4.9（a）和（b）显示，在迁徙成本增加时（c 从 1 到 5），演化稳定状态下的合作水平并没有明显的减弱，基本维持在 0.75 左右；当迁徙成本增加到 50 时，合作水平才下降至 0.72；然而，在"即时回报"的收益函数时，合作水平随着迁徙成本的增加明显下降，当成本从 1 增加到 5 时，合作水平从 0.75 迅速下降至 0.65。所以说，累积收益函数的使用减弱了迁徙成本对于合作演化

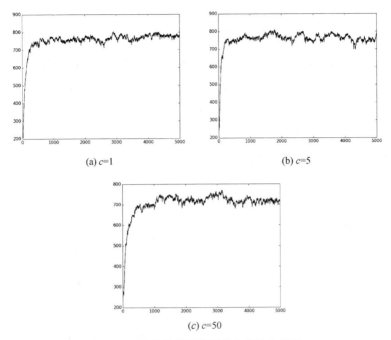

(a) $c=1$　　　　　　　　　　　　　　　(b) $c=5$

(c) $c=50$

图4.9　累积收益函数下的合作演化过程

其他参数：$b=1.2$，$q=0.001$，$\rho=0.625$。

的抑制作用。以上研究的载体是给定的二维方格，由第3章研究综述可知，网络结构类型的变化会导致演化结果的不同，那么，此迁徙机制下，不同的网络结构是否会对合作的演化产生不同的影响呢？为此，我们给出了经典的复杂网络代表——小世界网络，以此来考察"近君子，远小人"的个体迁徙在复杂网络的结构上与合作演化之间的关系。小世界网络是"这个世界真的很小"这句话的一个缩影，因为小世界具有集群系数高和平均路径长度短的特点，所以在小世界网络的结构里，信息的传播或者策略的传递速度很快，这会使得合作的演化结果不同于规则网络。小世界网络是社会生活中常见的网络类型，例如互联网、科研合作网络等。接下来，我们分析"近君子，远小人"的个体迁徙在小世界网络的结构上与合作演化之间的关系。

4.4.2　小世界网络上的个体迁徙对合作演化的影响

图 4.10 展示了，在无突变率时，"近君子，远小人"的个体迁徙在小世界网络上的合作演化。我们给定沃茨-斯特罗加茨（Watts Strogatz）的小世界网络类型，初始节点数目为 n，与它最近的 k 条边相连，以概率 p 随机化重连每条边。由图 4.10 可知，在不考虑突变率的情况下，在外生给定的小世界网络上，合作得以建立，而且合作水平 f_c 高于二维方格上的合作水平。具体来说，当背叛诱惑参数 $b=1.2$ 时，小世界网络的 f_c 为 0.98 左右；而在规则网络上（图 4.1（a））f_c 为 0.8 左右，在较小背叛诱惑参数和无突变率的情况下，小世界网络比规则网络更有利于合作秩序的扩展，这是由小世界网络的集群系数高和平均路径长度短的结构特点决定的。与二维方格上结果不同的是，对于较大的背叛诱惑参数来说［如图 4.10（b）和（d）］，迁徙成本的增加反而有利于合作水平的

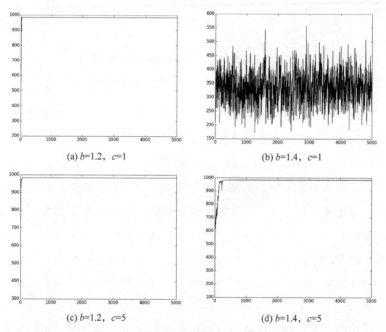

(a) b=1.2，c=1　　　　　(b) b=1.4，c=1

(c) b=1.2，c=5　　　　　(d) b=1.4，c=5

图 4.10　小世界网络下的合作演化过程

其他参数：$q=0.0$，$\rho=0.625$，$n=1600$，$k=4$，$p=0.5$。

提高。当背叛诱惑参数 $b=1.4$ 时,迁徙成本 $c=5$ 时的 f_c 高于 $c=1$ 时,与图 4.1(c) 的结果不同。这是由两方面原因形成的:一是较高的背叛诱惑参数值使得群体中存在更多的背叛者;二是随着迁徙成本的增加群体中背叛者的迁徙速率下降,降低了对合作团簇的破坏,小世界网络的短平均路径长度的特点为合作秩序的涌现提供了有利的条件。因此,在背叛诱惑参数值较大时,较短的平均路径长度使得合作策略得以快速传递,加大了合作团簇的扩展,高的迁徙成本反而提高了群体中的合作水平。

图 4.11 考虑了个体的策略突变,虽然存在破坏合作者团簇的突变率,但在此迁徙机制下,当背叛诱惑参数 $b=1.2$ 时,群体仍然获得了接近 1 的合作水平,高于二维方格上的合作水平;即使在较高的背叛诱惑参数下 ($b=1.4$),群体也仍然维持了 0.65 左右的合作水平。迁徙成本对

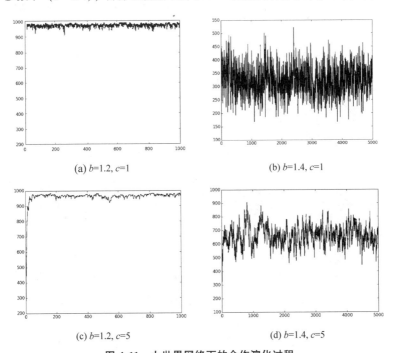

(a) $b=1.2$, $c=1$ (b) $b=1.4$, $c=1$

(c) $b=1.2$, $c=5$ (d) $b=1.4$, $c=5$

图 4.11 小世界网络下的合作演化过程

其他参数:$q=0.001$,$\rho=0.625$,$n=1600$,$k=4$,$p=0.5$。

合作水平 f_c 的影响与图 4.10 保持一致，即在背叛诱惑参数 $b = 1.2$ 时，迁徙成本的增加没有明显地改变合作水平；在背叛诱惑参数 $b = 1.4$ 时，迁徙成本的增加反而提高了合作水平 f_c。小世界网络的特性降低了突变率对合作的破坏作用。通过对图 4.10 和图 4.11 分析，可以进一步证明，基于"近君子，远小人"的个体迁徙模型对于合作行为具有促进作用，也验证了小世界网络有利于合作行为的涌现。

图 4.12 分析了小世界网络中随机化重连的概率 p 对合作演化的影响，当随机化重连概率 $p = 0$ 时，小世界网络简化为规则网络；当随机化重连概率 $p = 1$ 时，简化为随机网络。据图 4.12 可知，随着随机化重连的概率增加，合作水平随之逐渐提高，甚至在 $p = 0.8$ 时，$f_c \approx 1$。随机化重连概率 p 值的增加代表网络中节点之间的联系更为密切，因此，要想进一步增进小世界网络中的合作行为，可以通过设置小世界网络的重连概率来调节。

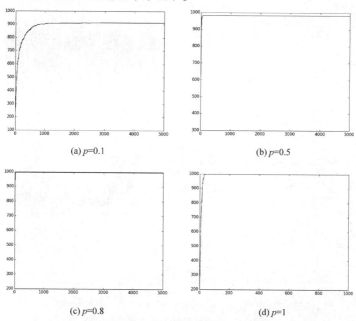

图 **4.12** 小世界网络下的合作演化过程

其他参数：$q = 0.0$，$\rho = 0.625$，$b = 1.2$，$n = 1600$，$k = 4$，$c = 5$。

4.5　"近君子，远小人" 促进合作演化

为了探究空间结构中影响个体迁徙的因素以及迁徙成本对合作演化的影响，本章以二维规则网络和小世界网络为载体，以网络囚徒困境博弈为框架，建立了 "近君子，远小人" 的个体迁徙模型。仿真结果表明，无论是规则网络还是小世界网络，"近君子，远小人" 的个体迁徙机制对群体中合作的维持和提高都起到了促进的作用。为了更直观地理解 "近君子，远小人" 的迁徙机制对合作的促进作用，我们还展示了不同参数条件下的空间状态子图。研究结果发现，在演化的过程中，"近君子，远小人" 的迁徙机制促使了多个合作者团簇的形成以及扩大，使得合作者统领于空间结构中。在二维方格网络上，我们的研究还发现，在不考虑策略噪声时，迁徙成本的增加对合作水平无显著的改变。所以说，迁徙成本虽然降低了个体迁徙的概率，但并没有降低群体的合作水平。然而，给定策略噪声 0.001 时，一方面，策略噪声破坏了合作者的团簇，另一方面，迁徙成本的增加降低了合作者逃离背叛者的机会，因此，迁徙成本的增加降低了群体中的合作水平。总的来说，在该迁徙机制下，适中的迁徙成本有利于合作行为的维持和建立。

"近君子，远小人" 的迁徙机制对合作的促进作用依赖于网络中的群体密度值和博弈支付参数。研究发现，当群体的密度值达到中等偏上（0.6 左右）时合作水平 f_c 达到最大值。也就是说，为了提高群体的合作水平，人口密度既不能太小也不能太大，适中的密度值有利于合作水平的提高。博弈支付参数对合作演化的影响体现在：存在一个临界值（$b=1.4$ 左右）使得合作水平急速下降。当背叛诱惑参数大于临界值时，合作瓦解；小于临界值时，空间中维持了较高的合作水平。另外，我们研究了费米函数的策略更新方式、基于时间的累积收益函数下的合作演化，这些研究证明了本章结论的稳健性。在这些条件下，虽然稳定状态下的合作水平存在数量上的差

异，但对囚徒困境博弈中合作行为的促进作用并没有改变，这进一步证明了我们的机制对合作促进的有效性。

小世界网络是现实生活中最常见的网络，因此，在小世界网络上分析"近君子，远小人"的迁徙机制对合作水平的影响有更加现实的意义。我们的研究发现，即使在策略噪声和较高的背叛诱惑参数的不利条件下，小世界网络上的合作水平仍要高于二维规则网络上的合作水平。这是因为，小世界网络的短平均路径长度和高聚类系数的特点为合作秩序的扩展提供了更加有利的条件。与二维方格网络不同的是，当背叛诱惑参数较大时（$b=1.4$），小世界网络上迁徙成本的增加反而提高了合作水平。这是由于：一方面，与二维方格相比，小世界网络上有更多的合作者团簇存在；另一方面，成本的增加降低了小世界网络上背叛者入侵合作者的机会。所以说，当迁徙成本较高和背叛诱惑参数（$b>1.4$）较大时，小世界网络对于合作秩序的扩展更为有效。

在仿真实验中，我们对于各个参数变量进行了鲁棒性检验，保证了本章中结论的稳健性。总的来说，"近君子，远小人"的个体迁徙机制既考虑了行为主体的自身因素（财富的多少），又包含了周围环境的客观因素（周围邻居的策略和迁徙成本的大小），可以作为社会群体迁徙时的一个简单缩影，扩展了个体迁徙对合作演化的研究。同时，从现实意义上来说，"近君子，远小人"的个体迁徙对合作的促进作用为理解合作的演化提供了一个有效的方式。

本章的研究扩展了有关迁徙成本与合作之间关系的研究。与以往的研究相比较，本章分析了在小世界网络上迁徙成本对合作水平的影响，为我们理解迁徙成本对合作行为的影响提供了更加接近现实的视角。另一方面，基于仿真的研究，我们可以了解在一定的条件下，迁徙成本的高低对合作演化的影响以及可以探讨影响个体迁徙的因素。假如我们需要研究与移民有关的问题时，例如探讨影响农民工向城市迁徙的因素有哪些以及如何提高该区域的合作水平，那么本章的研究可以为这类问题提供新的研究思路。

值得注意的是，在本章中我们假定所有个体的风险偏好类型都是风险中性的，但在现实生活中，个体往往具有不同的风险偏好，例如有些人喜欢冒进而有些人则相对保守。在下一章中，我们将在网络囚徒困境博弈的演化模型中引入异质性风险偏好，并探讨异质性的风险偏好对合作演化的影响。

第5章 基于风险偏好的个体迁徙对合作演化的影响

5.1 风险偏好

在上一章，我们主要在"近君子，远小人"的个体迁徙模型中讨论了该迁徙机制在促进合作方面的有效性，并进一步探究了迁徙成本这一变量对网络囚徒困境博弈中合作解的影响。其中，值得我们注意的一点是，我们给出了个体都是风险中性的假设。然而，在已有的关于个体迁徙与合作演化的研究中，并没有将个体的风险偏好考虑在内；上一章的研究虽然一定程度上考虑了个体的风险偏好，但在研究中还是假定个体都是风险中性的。实际上，在现实生活中，个体不仅存在风险偏好，而且群体常常呈现出异质性的风险偏好类型。

因为绝大部分个体视迁徙为一种风险投资，所以，个体的风险偏好态度直接影响了个体迁徙的决策。也就是说，个体的风险偏好类型是影响个体迁徙的又一个重要因素。社会中个体的风险偏好类型主要分为三种：风险追逐型、风险厌恶型和风险中性。Jaeger 等（2010）通过应用来自德国社会经济的面板数据考察了迁徙倾向和风险态度的直接关系，结果发现，风险追逐型的个体迁徙概率较高，风险厌恶型的个体迁徙概率较低，而且调查数据表明社会网络中个体的风险偏好类型服从正态分布。Flache（2001）在可交换的网络结构上研究了风险偏好是如何影响条件性合作的。但是，Flache 的研究主要考虑风险偏好通过影响伙伴选择进而影响合作行为，并没有直接考虑特定网络类型上风险偏好的个体迁徙。关于伙伴选择和个体迁徙对网络结构的影响差异性，我们已经在第 3 章中进行了阐述。所以，为了解决上一章模型中存在的不足以及丰富风险偏好与合作演化的研究，我们以 Flache 和 Jaeger 等人的研究作为参考，在"近君子，远小人"的迁徙模型中引入了风险偏好这一因素。那么，引入风险偏好的个体迁徙对合作行为的提升是否有效呢？异质性的风险偏好程度又是怎样影响合作水平的呢？迁徙成本在此机制下对合作的作用是否与上一章相同呢？本章以回答这些问题为出发点进行展开。

　　本章在空间囚徒困境博弈中考虑了基于风险偏好的个体迁徙，并分别讨论了群体的同质性风险偏好和异质性风险偏好对合作行为的作用。本章我们运用基于 Netlogo 的计算经济学的方法，考察了基于风险偏好的个体迁徙对合作演化的影响。仿真结果显示，在适当的参数条件范围内，风险偏好的个体迁徙对于合作行为的建立甚至促进都是一种有效的机制。

　　本章接下来的结构安排如下：5.2 节对相关文献进行了梳理，主要包括两部分，一部分是讨论风险偏好与个体迁徙之间的关系，另一部分是讨论风险偏好与合作行为之间的关系；5.3 节详细介绍了本章的演化模型；5.4 节阐述并分析了风险偏好个体迁徙的仿真结果；5.5 节对本章的结论进行归纳，并探讨了进一步的研究方向。

5.2　相关文献回顾

　　通俗地说，风险偏好是指个体面对风险时的态度。个体的风险偏好影响其经济生活中的众多决定，例如，风险投资决策（石晨曦，2014）、战略投资决策（白云涛等，2007）、创业选择（陈其进，

2015）等。多项实证数据表明，社会中的个体不仅普遍具有风险偏好，而且存在异质性的风险偏好（马莉莉和李泉，2011；许承明和张建军，2012）。

个体的风险偏好类型对合作行为的建立有着重要的影响。如Raub 和 Snijders（1997）的研究表明风险厌恶的个体类型支持合作，而风险追逐破坏合作。还有其他相关文献从理论和实验数据两方面证实了此结论（Snijders and Raub, 1998；van Assen, 1998）。然而，在以上的研究中，模型假定博弈个体的交互结构是不变的，即参与者博弈的伙伴是固定不变的。Flache（2001）改变了此假设条件，考虑一个可交换的网络结构，即个体有权对自己的伙伴进行选择，那么，个体在可交换的网络上不仅仅面临合作策略的决定还有博弈对象的选择。研究结果显示，在考虑伙伴选择的研究中发现风险厌恶通过减少个体移动降低了合作水平。此外，关于风险与合作的研究还有一类文献，主要探究了公共品博弈中集体失败的风险与合作的演化（Chen 等，2012；Chen 等，2014；Hagel 等，2016）。例如，Chen 等（2012）研究了基于集体失败的风险概率的个体移动对合作演化的影响，研究发现此迁徙机制在较广的参数空间内提高了群体的合作水平。关于个体的异质性风险偏好类型和合作演化的研究却很少。另外，关于风险偏好与个体迁徙之间的关系，一大部分文献是从实证数据的角度进行分析的（Batista and Umblijs, 2014；Jaeger 等，2010），大部分结果表明，风险追逐型的个体迁徙的概率要高于风险厌恶型的个体迁徙概率。

综上而言，个体的风险偏好类型对个体迁徙有重要的影响，并且风险偏好与合作演化之间也存在重要的关系，所以，关于风险偏好的个体迁徙对合作演化影响的研究是一个值得进一步探讨的问题。接下来，我们详细阐述本章的演化模型。

5.3　基于风险偏好的个体迁徙演化模型

本章模型的主要目标是在第 4 章模型的基础上研究风险偏好的个体迁徙对群体中合作行为的影响。为了研究这一因素与合作之间的关系，我们在本章建立一个二维方格上的囚徒困境博弈演化模型，在"近君子，远小人"的迁徙机制中引入个体的风险偏好类型，虽然这种引进不足以完全反映现实的复杂性，但一定程度上可以为我们理解现实生活中的合作现象提供思路。

首先，给定网络结构并初始化。给定具有周期性边界条件、群体规模大小为 40×40 的二维方格，二维方格的密度值由 ρ 决定。假定每一个方格被一个个体占据或空着，并且每个个体均匀地分布在二维方格中，以相等的概率被设定为合作者 C 或背叛者 D。每个个体 i 给定一个策略属性 u_i，u_i^c 代表个体 i 的策略为合作，u_i^D 代表个体 i 的策略为背叛。接下来，个体交互并进行囚徒困境博弈。从均匀分布的群体中随机选择一个个体 i 与其 Neumann 邻居进行囚徒困境博弈并根据第 4 章模型中的公式（3）计算其博弈收益 P_i，直到群体中所有个体与其邻居进行交互并获得收益。对于孤立的个体，我们假定其收益为 0。本章中我们给定囚徒困境博弈矩阵的参数为：$T=b$，$R=1.0$，$P=0.1$，$S=0.0$，满足囚徒困境博弈矩阵参数的条件：$T>R>P>S$，此时，囚徒困境博弈矩阵可以用"背叛诱惑参数"b 来代表。

所有个体与其邻居博弈之后，空间中的个体进行异步策略更新。从群体中随机选择一个个体 i 根据采取最优者的策略进行策略更新（Cardillo 等，2010），即当选择个体 i 的收益低于邻居个体中最高的收益时，选择的个体 i 将会模拟最高收益个体的策略。所以，随着仿真代数的进行，个体 i 的策略属性 u_i 也跟着不断演化，在演化稳定均衡状态下，所有个体的策略属性 u_i 的汇总代表了群体的合作水平。

接下来，选中的个体 i 观察其邻居中是否存在空白位置，若不存在，个体不迁徙；若存在，个体 i 随机选择一个邻居中的空白位置进行迁徙。对于孤立的个体，我们假定此类个体随机迁徙到邻居中的一个位置。那么，个体的风险偏好类型是如何影响个体迁徙的呢？一方面，根据 Flache（2001）和 Jaeger（2010）等的研究，我们得知风险偏好与个体迁徙之间的关系存在正相关性并且给出了风险偏好与效用函数之间的关系式；另一方面，个体迁徙对合作演化影响的相关研究（Sicardi 等，2009；Chen 等，2011）表明，适中的迁徙速率有利于合作的演化。综合以上两方面，我们在"近君子，远小人"的迁徙机制中通过定义迁徙速率，引进了风险偏好这一因素，具体体现在式（1），即个体的迁徙速率 v_i 如下：

$$v_i = \begin{cases} 0, & N_D = 0 \\ \left(\dfrac{P_i}{P_i + c}\right)^{2^{\alpha}}, & \text{其他情形} \end{cases} \tag{1}$$

具体来说，当个体 i 的邻居全部是合作者时，个体不迁徙，即"近君子"；其他情况下，个体以概率 $(P_i/(P_i + c))^{2^{\alpha}}$ 迁徙，α 为代表风险偏好的参数，c 为迁徙成本。指数函数形式引进风险偏好以及指数函数的底数 $P_i/(P_i + c) < 1$，一方面保证了个体适当的迁徙速率；另一方面，此指数函数是单调递减的，保证了群体中的风险偏好异质性的存在。当风险偏好参数 $\alpha = 0$ 时，$v_i = P_i/(P_i + c)$，个体的迁徙速率与风险偏好类型无关，代表社会网络中的所有个体均为绝对风险中性的，迁徙速率仅依赖于收益与成本，大概退化为"近君子，远小人"的迁徙模型；当 $\alpha > 0$，表明个体的风险态度为风险厌恶的；当 $\alpha < 0$，表明个体的风险态度为风险追逐的。这是因为式子满足 $P_i/(P_i + c) < 1$，是 α 的单调递减函数。所以，当 $\alpha > 0$ 时，此类个体的迁徙速率要小于 $\alpha = 0$ 时的迁徙速率，而且 α 越大，个体迁徙的速率越小，代表个体属于风险厌恶型的；当 $\alpha < 0$ 时，此类个体的迁徙速率要大于 $\alpha = 0$ 时的迁徙速率，并且 α 越小，个体的迁徙速率越大，代表此类个体属于风险追逐型的。根据 Jaeger 等（2010）的调查结果可以发现，社会网络中个体的风险偏好类型服从正态分布，即 $\alpha \sim N(0, \sigma^2)$，在此模型中，正态分布

$N(0, \sigma^2)$ 中均值 0 的含义为，群体中的个体风险偏好类型平均来说是风险中性的；标准差 σ 代表了个体风险偏好的异质程度。具体来说，标准差 σ 越大，群体中个体的风险类型越分散，方差越小，个体的风险类型越集中，主要集中在风险中性周围。由于 $\alpha \sim N(0, \sigma^2)$，所以，随机变量 α 的概率密度函数为：

$$p(\alpha) = \frac{1}{\sqrt{2\pi}\,\sigma} \exp\left\{ -\frac{\alpha^2}{2\sigma^2} \right\} \qquad (2)$$

在所有个体完成策略更新和迁徙之后，每一个个体的策略属性 u_i 以概率 q 进行突变。空间中的个体以一定的概率随机突变为相反的策略，即合作者以概率 q 突变为背叛者，背叛者以概率 q 突变为合作者。

以上我们在网络囚徒困境博弈中建立了一个关于风险偏好的个体迁徙模型，该模型一定程度上可以成为经济生活中的一个简单缩影。在本模型中，每个个体都有一个风险偏好类型，根据其类型及其周围环境来决定是否迁徙。该模型的最大优势在于，既考虑了影响个体迁徙的主观因素——个体风险偏好类型，又包含了影响个体迁徙的客观因素——迁徙成本和个体拥有的财富。将风险偏好变量引入个体迁徙，为我们研究社会中个体的风险偏好类型与社会中合作之间的关系提供了可能。本章通过基于风险偏好的个体迁徙模型主要来回答以下几个问题：第一，风险偏好这一变量对合作演化的影响是怎样的？具体来说，同质性的风险偏好类型和异质性的风险偏好对群体中的合作水平的影响以及其演化过程是怎样的？第二，融入风险偏好的迁徙机制下，迁徙成本对囚徒困境博弈合作解的影响又是怎样的呢？风险偏好和迁徙成本这两个因素对合作的综合影响是怎样的？以及在此迁徙机制下，什么样的参数条件（群体密度以及背叛诱惑参数）更有利于合作解的涌现？第三，群体的交互结构是如何演化的？在此迁徙机制下，不仅完成了策略的演化，也实现了网络结构的演化，那么，在演化稳定均衡状态下，与初期相比，群体的交互结构发生了哪些变化？能够回答这些问题的一个主要变量就是代表群体中的合作水平 f_c。f_c 为系统达到演化稳定均衡状态时，群体中合作者的比例。接下来，我们应用基于

Netlogo 的计算机仿真来运行该演化模型并获得数据结果。另外，f_c 数据的来源是，每个点为相同初始参数条件下独立运行 20 次，取 20 次的平均所得，每次演化的代数为 5×10^4 代，达到稳定后取最后 5000 代的平均值。

根据上述模型，基于 Netlogo 的仿真步骤如下：（1）给定二维方格的网络结构的规模 40×40 以及群体规模 N，由网络结构规模和群体规模 N 给定了群体的密度值 ρ，通过改变密度值 ρ 可以探讨群体密度对合作水平的影响；（2）所有的行为个体按照第 4 章中的公式（3）进行博弈收益的计算；（3）选中的行为个体 i 按照模拟收益最高个体的策略进行策略更新；（4）选中的行为个体 i 按照公式（1）进行移动；（5）重复步骤（3）~（4）直至执行完网络结构上的所有行为个体；（6）所有个体以概率 q 进行突变；（7）重复步骤（2）~（6）直至执行完预定的仿真代数。具体仿真程序参考附录代码表 2。

表 5.1 展示了本章所使用符号及其含义。

表 5.1 本章符号汇总表

符号	含义
C	合作
D	背叛
u_i	个体 i 的策略属性
u_i^c	个体 i 的策略为合作
u_i^D	个体 i 的策略为背叛
P_i	个体 i 的博弈收益
b	背叛诱惑参数
v_i	迁徙速率
α	风险偏好
c	迁徙成本
σ	风险偏好分布的标准差
$p(\alpha)$	随机变量 α 的概率密度函数
q	突变率
f_c	群体合作水平
ρ	群体密度值

5.4　仿真结果分析

本章在"近君子，远小人"的迁徙机制基础上初步探究了风险偏好类型对合作演化的影响。我们将分别探讨群体中的同质性风险偏好和异质性风险偏好的个体迁徙对网络囚徒困境博弈中合作解的影响。

5.4.1　同质性风险偏好对合作演化影响的结果

我们首先通过假定群体中个体的风险偏好类型为单一的，来研究同质性风险偏好对囚徒困境博弈中合作演化的影响。同质性风险偏好意味着群体中的所有个体具有相同的风险偏好类型。具体来说，我们分别假定群体中的个体全部为风险中性、风险追逐和风险厌恶，以此为基础来考察群体中的合作水平。$\alpha = 0$ 代表社会网络中的个体全部为风险中性的；$\alpha < 0$ 表示网络中的所有个体均为风险追逐的，α 越小表明个体对风险越追逐；$\alpha > 0$ 表示所有个体为风险厌恶的，α 越大表明个体对风险越厌恶。

图 5.1 展示了不考虑个体策略突变时，社会网络中单一风险偏好类型的个体对合作演化的影响。观察图 5.1 可以发现，当风险参数 $-10 < \alpha < 0$，即网络中个体均为风险追逐型时，合作者几乎占领了整个网络结构；当风险参数 $0 < \alpha < 10$，即网络中所有个体均为风险厌恶型时，在大部分的情况下合作水平很低。具体来说，当风险参数 $0 \leqslant \alpha \leqslant 3$ 时，较小成本下（$c=1$）的合作水平约为 0.95；当风险参数 $4 \leqslant \alpha \leqslant 10$ 时，合作水平仅为 0.4 左右。所以说，较高程度的风险厌恶不支持合作的演化，与 Flache（2001）的研究结果一致。这是因为，与风险中性的个体相比较，风险厌恶型的个体将会在一定程度（由 α 决定）上减小移动的速率，使得风险厌恶的合作者不能逃离背叛者的邻域，在策略学习时更多的合作者转变为背叛者。当网络中的个体风险类型为风险追逐型或风险中性时，一方面基于"近君子"的迁徙保留了小合作团块；另一方面，风险中性或风险追逐型的合作者能够快速地逃离背叛者，促使合作团块的蔓延，有利于合作行为的演化。

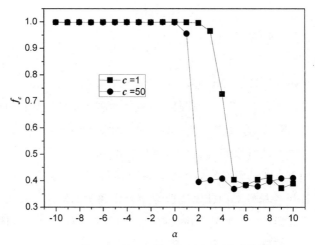

图 5.1 单一风险偏好类型 α 对合作演化的影响

仿真参数：$q = 0.0$, $\rho = 0.75$, $b = 1.2$。

　　为了更加全面地了解同质性风险偏好对网络囚徒困境博弈中合作解的影响，我们在图 5.2 中展示了在不同突变率 q、不同背叛诱惑参数 b 以及不同迁徙成本 c 的条件下，群体合作水平受同质性风险偏好迁徙机制的影响。观察图 5.2 我们发现，对于背叛诱惑参数 $b = 1.2$ 和 $b = 1.4$ 来说，相同的风险偏好类型下，合作行为的演化情况存在差异，尤其是当群体中的个体都属于风险追逐型时（$-10 < \alpha < 0$），较小背叛诱惑参数 b 值和较大 b 值下的合作水平存在相反的结果，而且这个结论与有无突变率无关〔图 5.2（a）和（b）〕。首先我们分析背叛诱惑参数 $b = 1.2$ 的情况，当群体中的个体都是风险追逐型时（$-10 < \alpha < 0$），群体中合作者的比例接近于 1，这个结论的成立独立于迁徙成本的大小和突变率。换句话说，在系统达到演化稳定均衡状态时，整个群体几乎都是合作者，这个结果表明风险追逐型的个体迁徙促使了合作行为的涌现并极大地提高了群体中的合作水平。与风险追逐型的迁徙机制相比较，当群体中的个体都是风险中性时（$\alpha = 0$），稳定状态下的合作水平呈现轻微地下降，尤其对于较小的成本来说，合作水平的下降程度我们可以忽略不计。但是，当群体中的个体全部转变为风险厌恶型时（$0 < \alpha \leqslant 10$），在

此迁徙机制下，当群体中的个体不考虑突变率时，合作水平 f_c 由 0.99 下降到约为 0.4；当群体存在突变率时，合作水平 f_c 下降至 0.5 左右。而且，使得合作水平下降的临界值——风险追逐程度的大小（由 α 决定），依赖于迁徙成本和突变率。观察图 5.2 的结果可知，当迁徙成本 $c = 50$，突变率 $q = 0$ 时，使得合作水平下降的临界值是 $\alpha = 2$；当迁徙成本 $c = 50$，突变率 $q = 0.001$ 时，这个临界值是 $\alpha = 1$。因此，个体风险的偏好程度影响了个体的迁徙，从而进一步影响了群体中合作的演化。总的来说，对于较小的背叛诱惑参数 b 值（$b = 1.2$），与风险厌恶型的群体相比较，风险追逐型的个体迁徙使得合作者有更多的机会可以逃离背叛者，进而促使合作团块的进一步蔓延，提升了群体中的合作水平。所以说，在背叛诱惑参数较小时，一定程度上的风险追逐有利于社会中合作行为的涌现。

当背叛诱惑参数 $b = 1.4$ 时，群体处于风险追逐型（$-10 < \alpha < 0$），且较低的迁徙成本时（$c = 1$），演化稳定均衡状态下的合作水平非常低；当迁徙成本增加时（$c = 50$），在大部分 α 的条件下，迁徙成本的增加对 f_c 的影响并不存在显著的差异，只有在 $\alpha = 0$ 的周围 f_c 才有一定的差别。并且，当迁徙成本 $c = 50$ 时，使得合作水平上升的临界值要小于 $c = 1$ 时。具体来说，当迁徙成本 $c = 1$ 时，使得合作水平上升的临界值是 $\alpha = 0$；当迁徙成本 $c = 50$ 时，使得合作水平上升的临界值是 $\alpha = -2$。从这一点上来说，风险偏好对合作的影响受迁徙成本的影响。当群体属于风险中性时，网络中的合作者仍然可以占领一席之地，甚至在较高迁徙成本时还可以维持比较高的合作水平。当群体属于风险厌恶型时，在迁徙成本较低时，较低的风险厌恶程度值（$\alpha = 1, 2, 3$）使得群体中的合作水平呈现较高的值，然而，当超过某个风险厌恶的程度，群体中的合作水平迅速下降。为什么较小的"背叛诱惑参数" b 值与较大的 b 值之间的结果存在如此大的差异呢？这是因为，与较小的背叛诱惑参数 b 值相比较，较大的背叛诱惑参数 b 值使得群体中更多的合作者在策略学习阶段转变为背叛者。当群体属于风险追逐型时，风险追逐型的个体迁徙使

得背叛者快速地入侵剩余的合作者，导致了合作者的灭绝。然而，较低的风险厌恶可以降低背叛者的迁徙速率，因此，使得群体中剩余的合作者得以存活甚至蔓延。但是，随着风险厌恶程度的增加，降低了合作者的迁徙速率，这样就抑制了合作团簇的形成，使得群体维持一个较低的合作水平。

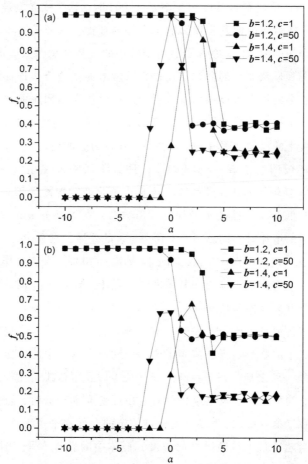

图 5.2 同质性风险偏好对网络囚徒困境博弈中合作演化的影响

（a）$q = 0$；（b）$q = 0.001$；其他参数：$\rho = 0.75$。

5.4.2 异质性风险偏好对合作演化影响的结果

在第一节中，我们分析了同质性风险偏好对合作的影响，但实际上，在现实生活中，群体内往往不是只存在一种风险偏好类型，而是不同风险偏好类型的汇合，即群体具有异质性风险偏好。接下来，我们分析二维方格中异质性风险偏好对囚徒困境博弈中合作演化的影响。我们假定二维方格中个体 i 的风险偏好类型 α_i 服从均值为 0、方差为 σ^2 的正态分布，均值为 0 代表整个社会网络中的平均风险偏好类型为风险中性。因为在仿真的过程中，$p(\alpha_i = 0) = 0$，所以我们把个体风险偏好在 0 周围的归为相对风险中性的；把远远小于 0 的风险偏好的个体称作绝对风险追逐；把远远大于 0 的风险偏好的个体称为绝对风险厌恶。所以说，风险中性在本小节中是一个相对概念。

我们来考察在囚徒困境博弈中，基于风险偏好异质性下的合作演化过程（如图 5.3 所示），以此来初步判断异质性的风险偏好对合作演化的作用。观察图 5.3，我们可以发现三个重要的结论：第一，在演化稳定均衡状态时，群体中的合作行为可以保留下来甚至在较低的背叛诱惑参数值时群体可以获得 0.8 以上的合作水平。第二，合作的演化过程基本上可以概括为三个阶段：首先，在系统演化的初期，策略学习使得合作水平 f_c 从初始值 0.5 开始迅速下降；其次，在接下来的演化时期，随着基于风险偏好迁徙机制开始发挥作用，合作水平逐渐呈现上升趋势；最后，经过一段时间的演化，系统达到合作演化均衡状态，即群体中的合作水平围绕某个值上下振荡，振荡的幅度依赖于"背叛诱惑参数" b 值，b 值越大，振荡幅度越大。第三，不同的背叛诱惑参数值对合作的影响存在显著差异，具体体现在以下几方面：首先，背叛诱惑参数 $b = 1.2$ 下的 f_c 高于背叛诱惑参数 $b = 1.4$ 时的合作水平；其次，背叛诱惑参数 $b = 1.2$ 下系统达到稳定均衡状态的时间要少于 $b = 1.4$ 时。如图 5.3 (a) 所示，背叛诱惑参数 $b = 1.2$ 时，系统在 $t = 200$ 时就达到演化稳定均衡状态；而背叛诱惑参数 $b = 1.4$ 时，如图 5.3 (b) 所示，要 $t > 2000$ 以后系统才逐渐达到演化均衡；最后，背叛诱惑参数 $b = 1.2$ 下系统均衡状态的合作水平振荡幅度要小于 $b = 1.4$ 时的振荡幅度，并且背叛诱惑参数 $b = 1.4$ 时，太高的 σ 值严重扰乱了合作的演化秩序，使得系统中的合作演化呈现出不稳定的趋势。

综上，我们可以基本判断出，异质性风险偏好的个体迁徙有利于网络囚徒困境博弈中合作解的涌现。

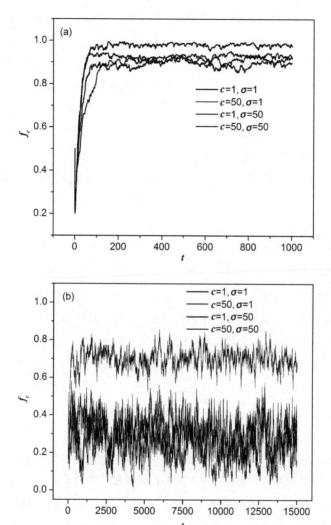

图 5.3 风险偏好异质性下的合作演化过程

（a）$b=1.2$；（b）$b=1.4$；其他仿真参数：$q=0.001$，$\rho=0.75$。

在上一部分中，我们了解到异质性风险偏好的个体迁徙为合作行为的提高提供了有力的保证，那么群体中的异质性风险偏好的变化又是怎样影响合作行为的呢？接下来，我们对不同的风险偏好异质性与合作之间的关系进行详细的研究。本节中，我们用个体风险偏好分布的标准差 σ 这一变量来度量群体中风险偏好的异质程度。首先，我们简单分析无突变率的情况，如图 5.4 所示。图 5.4 展示了在群体密度 $\rho = 0.75$ 时，不同背叛诱惑参数下，风险偏好的异质程度 σ 对合作演

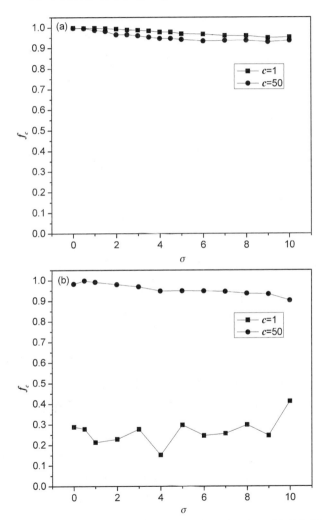

图 5.4 不考虑突变率的情况下，风险偏好类型的异质程度 σ 对合作演化的影响

(a) $b=1.2$；(b) $b=1.4$；其他仿真参数：$q=0.0$，$\rho=0.75$。

化的影响。观察图 5.4 （a）可以发现，在背叛诱惑值较小 （$b=1.2$）
的条件下，不同程度的风险偏好异质性 （σ 的变化）都维持了较高
的合作水平，迁徙成本的改变并没有明显影响合作水平。而观察图
5.4 （b）我们发现，在较高的背叛诱惑值 （$b=1.4$）时，在迁徙成
本 $c=1$ 时，不同的 σ 虽然保留了一小部分合作者，但并没有使得该
群体获得一个较高的合作水平；较高的成本下反而有利于合作行为
的涌现 （$c=50$，$f_c>0.9$）。这是因为：较高的成本下不同的风险偏好
类型抵制了较高背叛诱惑值下背叛者的入侵，为合作的涌现提供了
有利的环境。从这一结果可以看出，个体的不同风险偏好类型随着
合作的演化保留下来，为理解风险偏好的涌现提供了一个思路。

为了进一步了解风险偏好的异质程度 σ 对合作演化的影响，我
们在图 5.5 中给出了更多其他参数条件以及更大的异质程度 σ 下的
合作水平 f_c。图 5.5 展示了有无突变率和不同的迁徙成本下，群体
中风险偏好类型的异质程度 σ 对网络囚徒困境博弈中合作水平的影
响。首先我们可知，即使在考虑个体突变的情况下，不同风险偏好
的异质程度都促成了合作策略的涌现甚至在较小背叛诱惑参数值时
（$b=1.2$），还维持了群体中大于 0.9 的合作水平。其次，大部分情
况下，风险偏好异质程度 σ 的增加使得 f_c 逐渐下降。例如，当背叛
诱惑参数 $b=1.2$ 时，除了突变率 $q=0.001$ 和迁徙成本 $c=50$ 这条线
外 （f_c 无明显改变），随着 σ 的增加，合作水平 f_c 有一个非常小程度
的下降。当背叛诱惑参数 $b=1.4$ 和迁徙成本 $c=50$ 时，随着 σ 的增
加，合作水平整体呈现下降趋势，而且下降的幅度较大，这个结论
的成立与有无突变率无关；当背叛诱惑参数 $b=1.4$ 和迁徙成本 $c=1$
时，群体中的合作水平在一个较低的值周围呈现振荡的趋势。那么，
为什么异质性的风险偏好能够促进合作的演化呢？又为什么在不同
的风险偏好异质程度下，系统中合作演化的结果会有如此的不同呢？
接下来我们给出详细的解释。

当假定群体中的风险偏好是异质性时，那么，在群体中就存在六种
类型的个体：相对风险中性的合作者、相对风险中性的背叛者、风险追

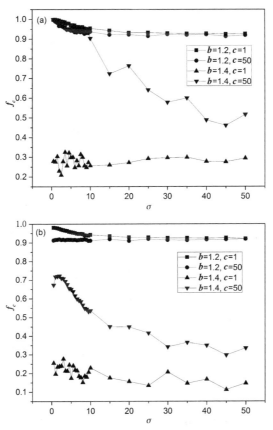

图 5.5 不同突变率下，风险偏好的不同异质程度 σ 对合作演化的影响

(a) $q=0$；(b) $q=0.001$；其他参数：$\rho=0.75$。

逐的合作者、风险追逐的背叛者、风险厌恶的合作者以及风险厌恶的背叛者。所以，我们认为基于异质风险偏好的个体迁徙能够提升合作的原因主要在于两方面：一是，基于"近君子"的策略保留了群体中的小合作团簇；二是，基于"近君子"的策略只能够保存小的合作团簇。那这种合作团簇又是如何不被破坏甚至蔓延开来呢？这是因为基于异质性风险偏好的个体迁徙使得风险追逐型的合作者有较高的迁徙速率，所以增加了群体中合作者逃脱背叛者入侵的机会，为合作团簇的蔓延提供了有力的保证。群体的合作水平 f_c 随着 σ 的增加而递减，原因如下：风险偏好类型异质程度 σ 的增加意味着，群体中风险偏好类型的分布更加分散，如图 5.6 所示，横轴代表风险偏好的异质程度标准差 σ，纵轴为不同风险偏好类型下对应的个体的数目。随着 σ 值变大，图 5.6 中的正态分布的尾部变得越来越宽［由（a）到（d）的变化］，说明位于横轴两头的个体数目越来越多。具体来说，σ 值越高，绝对风险追逐和绝对风险厌恶的个体所占比例就会越大，相应的，相对风险中性的个体所占比例就会减少。因此，风险偏好异质程度 σ 的增加使得群体中绝对风险追逐型个体的迁徙速率增加，绝对风险厌恶个体的迁徙速率降低。其中，风险追逐型的背叛者因为有较高的迁徙速率可以快速地入侵合作者团块，所以 σ 的增加使得合作水平有所下降。尤其对于背叛诱惑参数 $b=1.4$ 来说，f_c 的下降程度更大，这是因为，背叛诱惑参数 $b=1.4$ 时群体中有更多的背叛者，σ 的增加加大了风险追逐的背叛者破坏合作团块的可能性，使得合作水平迅速下降。关于背叛诱惑参数 $b=1.4$，迁徙成本 $c=50$ 的合作水平高于 $b=1.4$，$c=1$ 的原因，我们将会在接下来的部分进行分析。总的来说，与同质性的风险偏好相比较，在给定的条件下，异质性风险偏好的个体迁徙仍然保证了合作行为的涌现，并且群体的合作水平 f_c 随着 σ 的增加而递减，也就是说，为了保证群体内的较高的合作水平，群体内个体的风险偏好类型不能太分散。

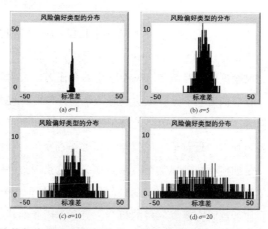

图 5.6　风险偏好类型分布的标准差（风险偏好的异质程度）σ 的变化图示

其他参数：$\rho=0.75$。

　　为了与"近君子，远小人"的模型中迁徙成本对合作演化的影响进行比较，我们在图 5.7 中给出了不同参数条件下，在风险偏好异质性的迁徙机制中，迁徙成本 c 这一变量对合作水平的影响。为了更加清楚地观察各项数据的变化，我们在图 5.7（b）、（c）和（e）、（f）中分别给出了图 5.7 中（a）和（d）中的扩大图。

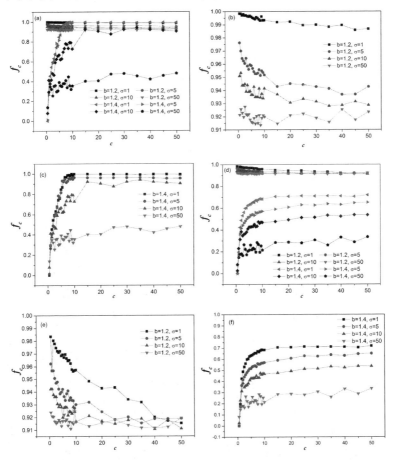

图 5.7　不同参数条件下，迁徙成本 c 对合作水平的影响

（a）（b）（c）$q = 0.0$；（d）（e）（f）$q = 0.001$；其他参数：$\rho = 0.75$。

　　观察图 5.7，我们可以发现三个重要的结果：第一，比较图 5.7（a）和（d）可以看出，给定其他的参数值，无突变率条件下的合作水平明显高于有突变率时；第二，观察图5.7中（b）和（e）可知，当背叛诱惑参数 $b=1.2$ 时，不论有无突变，演化系统稳定状态下的合作水平都维持在0.9以上，并且随着迁徙成本 c 的增加（c 从1增加到50），合作水平由0.98轻微地下降到0.91；第三，观察图5.7（c）和（f）可知，独立于突变率，当背叛诱惑参数 $b=1.4$ 时，除了在较高的 σ 值（$\sigma=50$）时，其他条件下，随着迁徙成本的增加，合作水平呈现上升的趋势，在 $\sigma=50$ 时，迁徙成本的增加对 f_c 的影响是杂乱无章的。总的来说，对于较小的"背叛诱惑参数"（$b=1.2$），迁徙成本的增加轻微地降低了群体中的合作水平；对于较大的"背叛诱惑参数"（$b=1.4$），迁徙成本的增加反而促进了合作行为的涌现，提高了合作水平。接下来，我们将具体分析这种不同结果的原因所在。

迁徙成本通过影响个体的迁徙速率进一步影响个体的交互结构，从而影响个体的策略更新，最终实现了对群体合作演化的影响。当背叛诱惑参数 $b=1.2$ 时，由于迁徙成本的增加，使得背叛者周围的合作者的迁徙速率降低，增加了合作者策略学习背叛者的机会，从而一定程度上降低了合作水平。但是，较小的"背叛诱惑参数"值和迁徙机制仍然使得群体中的合作水平 f_c 维持在0.9以上。当背叛诱惑参数 $b=1.4$ 时，一方面，在演化的初期，较大的"背叛诱惑参数"值使得群体中更多的合作者策略模拟为背叛者；另一方面，随着迁徙成本的增加，风险追逐型背叛者的迁徙速率随之下降，减少了背叛者破坏合作团块的机会，为合作团块的蔓延提供了有利的环境。因此，迁徙成本的增加反而提升了合作水平。

回顾"近君子，远小人"的模型中，迁徙成本对合作演化的影响，如图5.8所示，当背叛诱惑参数 $b=1.4$ 时，迁徙成本的增加减少了群体中合作者的数目。图5.9显示了风险偏好迁徙机制下，迁徙成本 c 的增加反而使得群体内合作者的数目增多（绿色和黄色的数目增多）。比较图5.8和图5.9可以发现，相同的背叛诱惑参数值，迁徙成本对合作演化的作用却是相反的，很明显的原因在于本小节中引入了风险偏好这一因素，那么风险偏好到底是怎样起作用

c=1 c=50

图 5.8 "近君子，远小人"的迁徙机制下，

迁徙成本 c 的变化对合作演化的影响

其他参数：$q=0.001$，$b=1.4$，$\rho=0.625$。灰色代表背叛者，黑色代表合作者，白色代表此位置上没有个体。迁徙成本的增加抑制了合作行为的涌现。

c=1 c=50

图 5.9 风险偏好迁徙机制下，迁徙成本 c 的变化对合作演化的影响

其他参数：$q=0.001$，$b=1.4$，$\rho=0.625$，$\sigma=1$。灰色代表背叛者，黑色代表合作者，白色代表此位置上没有个体。迁徙成本的增加促进了合作行为的涌现。

的呢？在无风险偏好的模型中，迁徙成本的增加虽然降低了群体中背叛者的迁徙速率，但同时降低了合作者的迁徙速率，使得背叛者团簇边界处的合作者在策略学习阶段迅速变为背叛者，所以，迁徙成本的增加加剧了合作的瓦解。在风险偏好的个体迁徙中，迁徙成本的增加虽然一定程度上降低了群体中合作者的迁徙速率，但是，风险偏好的引入仍然使得风险追逐型的合作者有较大的概率离开背叛者，使得合作团簇得以保留下来；另一方面，迁徙成本的增加也降低了背叛者的迁徙速率，减少了背叛者破坏合作团簇的机会。这就是在两种迁徙模型下，迁徙成本 c 在相同背叛诱惑参数 b 值下对合作产生不同作用的原因所在。因此，我们可以说，某一自变量对因变量的影响不能说是绝对的、一成不变的，而是敏感的依赖于其所在的特定情境。在较高的迁徙成本时，拥有不同风险偏好群体的合作水平要高于单一风险类型的群体。

通过对图 5.5 和图 5.7 结果的分析，我们发现，基于异质风险偏好的迁徙机制对合作的演化起到了重要的作用，而风险偏好异质程度和迁徙成本是两个最重要的变量。接下来，关于迁徙成本 c 和风险偏好的异质程度 σ 这两个因素对合作演化的影响，我们在图 5.10 中给出了综合性的分析。图 5.10（a）和（b）分别展示了在"背叛诱惑参数"$b=1.2$ 和 $b=1.4$ 下，合作水平受迁徙成本 c 和 σ 的影响。图 5.10（a）显示，对于较小的背叛诱惑参数值（$b=1.2$），在整个模拟参数范围内，群体中的合作水平达到了较高的值（$f_c > 0.9$），其中，接近 1 的合作水平出现在图中的左下部分，并

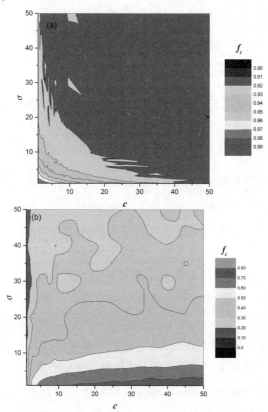

图 5.10 在不同背叛诱惑参数 b 时，迁徙成本和风险偏好的异质性函数对合作演化的影响

（a）$b=1.2$；（b）$b=1.4$；其他参数：$\rho=0.625$，$q=0.001$。

且随着成本 c 和 σ 的降低，合作水平呈现上升的趋势。所以，从整个参数空间来说，在背叛诱惑参数值较小时，此迁徙机制下合作的有效提升对其他参数并不敏感。图 5.10（b）显示，对于较大的背叛诱惑参数值（$b=1.4$），当迁徙成本 c 增加或 σ 减小时，合作水平 f_c 将会增加，最高的合作水平（$f_c \approx 0.7$）出现在图中的右下方。不管 σ 取值如何，在迁徙成本 $c=1$ 时，合作水平都很低。因此，在背叛诱惑参数值较大时，此迁徙机制下合作的影响对迁徙成本这一变量更加敏感。通过观察图 5.10 可知，群体内适中的异质风险偏好程度促进了合作现象的涌现，实现了合作和网络结构的共生演化。所以说，一个群体的合作行为的涌现不仅仅依赖于某一个参数值或某几个参数值，合作解的出现是各个参数条件下的最优组合。

为了进一步观察，随着仿真代数的叠加网络中是否有合作团簇的形成，我们在图 5.11 中展示了在不同条件下（不同迁徙成本和风险偏好异质程度）一系列的空间状态子图。图 5.11 显示，合作者的团簇存在于演化的过程及系统的演化稳定均衡状态中。从图 5.11 可以看出，系统的演化过程如下：在演化的初期（$t=1$），由于模拟收益最高策略的学习，使得合作水平迅速下降，基于"近君子"的策略使得一小部分合作者保留下来，如图 $t=1$ 时所示，绝大部分的位置被灰色的背叛者所占据；随着时间的演化（$t=20$ 和 $t=40$），基于成本和风险偏好的个体迁徙开始发挥作用，促使群体中的合作者比例迅速上升；最后，当系统的合作演化达到稳定均衡状态（$t=100$）后，整个网络几乎被各种合作者占领，包括风险追逐的合作者和风险厌恶的合作者。这个过程与图 5.3 中的演化保持一致。接下来，通过肉眼观测空间状态子图，来进一步理解迁徙成本 c 和风险偏好的异质程度 σ 对网络中合作者比例的影响。给定 $\sigma = 1$，观察图 5.11 中前两行的空间状态子图可以发现，随着迁徙成本 c 从 1 增加到 50，稳定状态下空间中的合作者数目有轻微减少；当给定 $\sigma = 50$ 时，观察图 5.11 中的最后两行可知，在演化稳定状态（$t=100$），随着迁徙成本的增加，两者之间的合作者数目的差异用肉眼几乎无法区别开来，这些结果与图 5.7（b）是一致的。据此，我们可以判断，较强的风险偏好异质程度减弱了迁徙成本对合作的影响。观察图 5.11 中的第一行和最后一行可以判断标准差 σ 的变化对合作演化的作用。结果显示，给定相同的迁徙成本下，随着 σ 的增加，合作者的比例 f_c 有轻微的减少。观察图 5.11 中 $t=20$ 和 $t=40$ 的空间状态子图，我们可以看出网络中存在四种类型的分布：空白位置、较大的合作者团簇、较小的背叛者团簇以及合作者、背叛者的混合。根据"近君子"的迁徙规则，只有个体周围有背叛者时，个体才有可能进行迁徙。所以，随着标准差 σ 的增加，风险追逐型的背叛者的迁徙速率也随着增加，一定程度上增加了背叛者入侵合作者的机会，因而导致了合作水平的轻微降低。通过对空间状态子图的展示与分析，我们可以更直观地了解整个合作的演化过程。

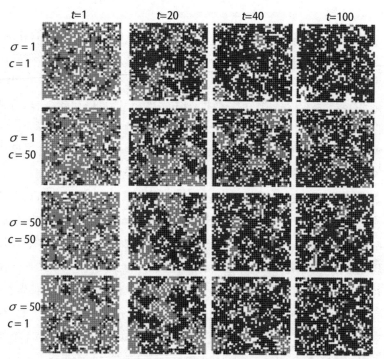

图 5.11   不同迁徙成本和风险偏好异质性下，群体随时间演化的空间状态子图

其他参数：$q=0.001$，$b=1.2$，$\rho=0.75$。灰色代表背叛者，

黑色代表合作者，白色代表此位置上没有个体。

分析图 5.7 的结果可知，迁徙成本对合作演化的作用在"背叛诱惑参数"$b = 1.4$ 和 $b = 1.2$ 时是不同的。为了进一步理解这两者之间的差异，我们在图 5.12 中进行展示，给定其他参数条件下，$b = 1.4$ 时随时间演化的空间状态子图。首先，当"背叛诱惑参数"$b = 1.4$ 时，群体达到演化稳定均衡状态的时间延长了，与图 5.3 中的结果保持一致。在"背叛诱惑参数"$b = 1.2$ 时，系统达到演化稳定均衡的时间是 $t = 100$；而在"背叛诱惑参数"$b = 1.4$ 时，系统达到演化稳定均衡的时间被延长至 $t = 5000$。其次，只有在 $\sigma = 1$ 和迁徙成本 $c = 50$ 时，才能取得较高的合作水平；在其他参数条件下，合作行为的演化是不稳定的。比较图 5.12 中的前两行也可以发现，迁徙成本对合作演化的影响是单调的，随着迁徙成本 c 从 1 增加到 50，群体中的合作者比例 f_c 明显有所增加，这个结论与"背叛诱惑参数"$b = 1.2$ 时是相反的。总的来说，"背叛诱惑参数"$b = 1.2$ 和 $b = 1.4$ 结果差异性的原因主要在于演化初期（$t = 100$）的空间状态，即演化的初期，空间中合作者和背叛者的数目多少。"背叛诱惑参数"$b = 1.2$ 时，由图 5.11（$t = 20$ 和 $t = 40$ 时）可以看到，更多的合作者存活于空间中；然而，"背叛诱惑参数"$b = 1.4$ 时，观察图 5.12（$t = 100$）发现更多的背叛者存活于二维方格中。因此，对于"背叛诱惑参数"$b = 1.2$ 来说，迁徙成本的增加实际上降低了群体中合作者的迁徙速率，减慢了合作团块蔓延的速度，从而一定程度上降低了合作水平；而对于"背叛诱惑参数"$b = 1.4$ 来说，迁徙成本的增加主要降低了背叛者的迁徙速率，降低了背叛者入侵合作者的机会，为合作者的存活甚至扩展提供了有利的环境，因而促进了合作的演化。另外，比较图 5.12 中稳定演化状态（$t = 5000$）的最后两行，可以发现，对于相同的迁徙成本，σ 的增加确实减少了群体中合作者的比例，使得更多的背叛者占据于二维方格中。

在以上的讨论中除了迁徙成本 c 和 σ 这两个变量是不断变化的，其他的参数我们主要给定了几个特定的值，接下来，我们讨论另外两个重要变量：群体密度 ρ 和"背叛诱惑参数"b 这两个变量对合作

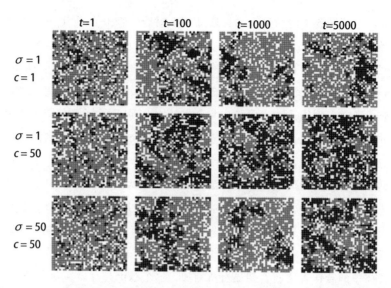

图 5.12 不同迁徙成本和风险偏好异质性下，随时间演化的空间状态子图

其他参数：$q=0.001$，$b=1.4$，$\rho=0.75$。灰色代表背叛者，

黑色代表合作者，白色代表此位置上没有个体。

水平的影响。图 5.13 展示了网络囚徒困境博弈中，群体密度 ρ 对合作演化的作用。我们从中可以发现两个重要的结果：第一，无论是否存在策略突变，都存在一个最优的密度值 ρ 或密度区间使得合作水平达到最优，并且，最优的密度值既不会太大也不会太小。这是因为，太大的密度值意味着空间中的个体太拥挤，而太小的密度值则代表着空间中的个体太分散。当空间太拥挤时，是不利于个体进行迁徙的；当空间太稀疏时，由于个体数目太少反而不利于合作团块的形成。因而，存在一个适度的密度值或密度区间使得合作水平取得最高。第二，比较"背叛诱惑参数"$b=1.2$ 和 $b=1.4$ 可知，不管是否存在突变率，使得 $b=1.2$ 取得较高合作水平的密度区间范围要大于 $b=1.4$ 的情况。具体来说，当突变率$q=0$，"背叛诱惑参数"$b=1.2$ 时，给定 $\sigma=1$，$c=1$，当 $\rho\in(0.5,0.95)$ 时，合作水平$f_c>0.9$；给定 $\sigma=10$，$c=1$ 和 $\sigma=10$，$c=50$，当 $\rho\in(0.5,0.95)$ 时群体也获得了较高的合作水平。然而，对于突变率$q=0$，"背叛诱惑参数"$b=1.4$，给定 $\sigma=1$，$c=1$，

只有群体密度 $\rho = 0.7$ 时才能使得合作者存活。随着 σ 的增加，使得获得高合作水平的群体密度范围变大。给定 $c = 1$，σ 的增加（σ 由 1 到 10）使得高合作水平的密度区间由 $\rho = 0.7$ 扩大到 $\rho \in (0.6, 0.75)$。这是因为，σ 的变大增加了群体中风险追逐型的合作者的数目，进而增加了合作团块蔓延的机会，扩展了取得高合作水平的密度范围。另外，当群体密度 $\rho = 1$ 时，表明二维方格上所有的位置都被个体占据，没有空白位置，个体不能进行迁徙。图 5.14 展示了不同的密度条件下，个体不迁徙时的合作水平。通过图 5.14 可以看出，只有在 b 值较小的情

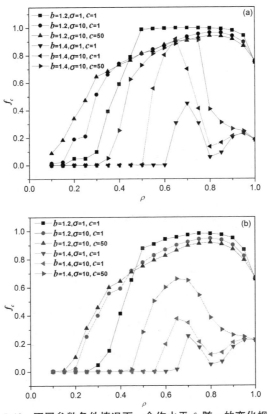

图 5.13 不同参数条件情况下，合作水平 f_c 随 ρ 的变化规律

（a）$q = 0.0$；（b）$q = 0.001$。

况下，当群体密度 $\rho > 0.75$ 时才能取得较高的合作水平（$f_c \approx 0.7$）；当 b 值较大时，在大部分密度区间内，合作水平不能够得到有效的提升。比较图 5.13 和图 5.14 可以发现，对于较小的背叛诱惑参数来说（$b = 1.2$），异质风险偏好的个体迁徙在更广的密度区间内涌现了高水平的合作；即使在较大的背叛诱惑参数值（$b = 1.4$）下，在特定的密度区间内，合作不仅得到了维持甚至取得了高达 0.9 的合作水平（$q = 0$，$b = 1.4$，$\sigma = 10$，$c = 50$）。因此，我们可以得出结论，在适度的密度区间内，群体中异质风险偏好的个体迁徙在提高群体合作水平的作用上，要优于个体不迁徙的情况。

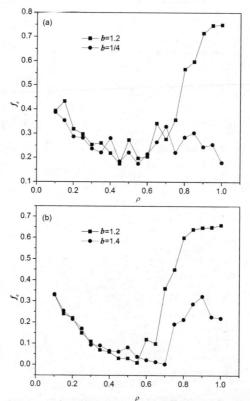

图 5.14　个体不迁徙的情况下，合作水平 f_c 随 ρ 的变化规律

（a）$q = 0.0$；（b）$q = 0.001$。

在前面的研究中，我们主要展示了两种背叛诱惑参数值下（$b=$ 1.2 和 $b=1.4$）的演化结果，为什么我们选出这两个参数值作为代表"背叛诱惑"这一变量对合作水平的影响呢？接下来，我们在图 5.15 中分析了囚徒困境博弈中的"背叛诱惑参数"b 对合作水平的影响。为了满足囚徒困境博弈矩阵参数的支付条件，$T>R>P>S$ 和 $2R>T+S$，我们给出了背叛诱惑参数 b 的范围为 $1<b<2$。如图 5.15 所示，背叛诱惑 b 对 f_c 的影响是非连续的，呈阶梯状。

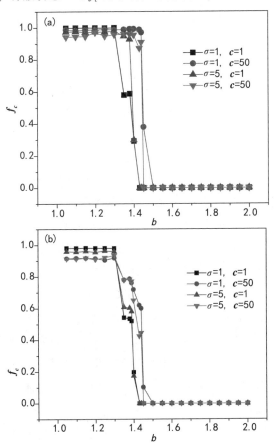

图 5.15　不同参数条件情况下，合作水平 f_c 随背叛诱惑参数值 b 的变化规律
（a）$q=0.0$；（b）$q=0.001$；其他参数：$\rho=0.75$。

在系统中不管是否存在策略突变，都存在一个"背叛诱惑参数"的临界值 b^* 使得群体中的合作水平发生跳跃式的改变。当背叛诱惑参数 $b < b^*$ 时，$f_c > 0.9$；当背叛诱惑参数 $b > b^*$ 时，f_c 迅速降低直至为 0。只是 b^* 的具体值依赖于迁徙成本 c、风险偏好的异质程度 σ 和策略突变率 q。例如，在有突变率时，分析图 5.15（b）可见，$b^* = 1.35$ 是使得合作水平发生转变的临界值。在背叛诱惑参数 $b<1.35$ 时，$f_c > 0.9$；在背叛诱惑参数 $b = 1.35$ 时，f_c 迅速下降为 0.6 左右；在背叛诱惑参数 b 达到 1.45 时，f_c 变为 0。所以说，当囚徒困境博弈矩阵中的"背叛诱惑参数" b 超过某个临界值时，它的增加不利于合作的涌现，这个结果也验证了先前文献中的结论。因此，由图 5.15 我们可以看出，$b = 1.2$ 和 $b = 1.4$ 这两个值可以代表其他"背叛诱惑参数" b 对合作演化的影响。在这里，我们要指出的是，我们实际上对其他 b 值也做了鲁棒性检验，得出的结论与背叛诱惑参数 $b = 1.2$ 和 $b = 1.4$ 时保持一致。因此，我们在讨论其他变量对合作水平的影响时，关于参数 b，主要给出了 $b = 1.2$ 和 $b = 1.4$ 两种情况。通过上一章和本章对"背叛诱惑参数" b 的分析，可以看出个体迁徙对合作的作用受博弈支付矩阵参数的影响。

空间中异质风险偏好的个体迁徙机制不仅促使了合作的演化，也实现了个体交互结构和策略的共生演化，如图 5.16 所示，展示了不同密度条件下，不同的演化时期的群体交互结构。在本章中我们给定的是二维方格上的纽曼（von Neumann）邻域，当二维方格上的位置被全部占满时，空间中的个体具有相同的度分布，所以在这种情况下，所有个体的邻居数目为 4，即每个节点的度为 4。在给定不是 1 的群体密度值时，空间中的节点就存在空白位置，每个个体可能存在的邻居数目有五种类型：0（孤立的个体）、1、2、3 和 4。图 5.16 给出了初始状态和演化稳定均衡状态下，群体中五种类型的个体数目的分布直方图。给定群体密度值 $\rho = 0.5$，比较初始状态和演化稳定均衡状态 [图 5.16 中（a）和（b）]，可以看出随着时间的演化，群体的交互结构也发生了改变。最明显的改变就是，演化稳定均衡状态下，邻居数目为 4 的个数要大于初始状态下的数目；分析群体密度 $\rho = 0.7$ 的结果也可以得出类似的结论。这是因为，随着个体的迁徙，空间中形成了更多的团簇，使得群体变得更加聚集，所以群体中邻居数目较多的个体也变得多起来。从这一点上来说，基于异质风险偏好的个体迁徙实现了群体中合作策略和网络结构的共生演化，这为理解网络囚徒困境博弈合作解的涌现提供了更加开阔的视角。

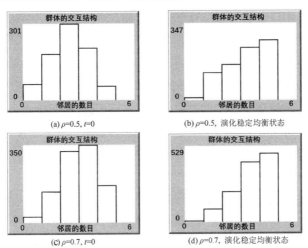

图 5.16　不同群体密度条件下，群体中不同时期个体的交互结构

其他参数：$\sigma = 1$，$q = 0.001$，$b = 1.2$，$c = 1$。

5.5　风险偏好影响合作水平

以往关于个体迁徙与合作演化的相关文献中，个体迁徙机制的理解主要关注在与演化博弈内容相关的方面，例如，考虑与收益有关的迁徙机制、与策略有关的迁徙等，可以说将个体的基本属性假定为同质的甚至有些未将这些属性考虑进来，为了弥补以上工作的不足，在本章中，我们不仅将影响个体迁徙的一个重要因素——风险偏好引入到我们的演化博弈模型中，而且分别讨论了群体的同质性风险偏好和异质性风险偏好对合作演化的作用。本章我们运用基于 Netlogo 的计算经济学的方法，在网络囚徒困境演化博弈模型中引入了个体的风险偏好这一因素，考察了基于风险偏好的个体迁徙对合作演化的影响。仿真结果显示，风险偏好的个体迁徙对于合作行为的建立甚至促进都是一种有效的机制。这是因为，基于异质性风险偏好的个体迁徙使得风险追逐型的合作者有较高的迁徙速率，从而增加了群体中合作者逃脱背叛者入侵的机会，为合作团簇的蔓延提供了有利的保证。同质性风险偏好的假设条件的结果表明，当网络中的个体均为风险追逐型时，合作行为可以得到有效的提升；风险中性的假设使得合作行为可以保留下来；较大程度的风险厌恶不利于合作的建立。这个结论与 Flache（2001）的研究结论保持一致。异质性的风险偏好假设条件下的仿真结果显示，异质性风险偏好的个体迁徙使得合作策略得以保留下来甚至还可以获得高水平的合作。在关于空间状态子图和个体交互结构的分析中，我们发现，异质性风险偏好的个体迁徙实现了合作策略和网络结构的共生演化。随时间演化的空间状态子图显示了空间中存在合作者的团簇，并实现了稳定均衡状态下的合作策略的演化；同时稳定演化均衡状态还显示了个体博弈结构的改变，对个体交互结构的分析也证明了这一点。由于个体的迁徙，与演化初期相比，均衡稳定状态下，个体拥有较多邻居的数目明显上升，空间状态子图中团块的出现也恰恰验证了这个结论。

本章结论成立所依赖的适当的参数条件主要包括两个变量：背叛诱惑参数和群体密度。展开讲，一是背叛诱惑参数要小于其临界值（$b^* = 1.4$）；二是网络结构中存在一个适中的群体密度值。研究结果显示，背叛诱惑参数对合作水平的影响体现在存在一个使得合作水平跳跃式下降的临界值，小于此临界值时群体维持了一个较高的合作水平，而大于此临界值时合作行为迅速瓦解。群体密度对合作的作用体现在存在一个既不能太大也不能太小的密度值或密度区间使得合作水平得到最大程度的提高。此结论给我们的启示是，管理者要想使得某一区域能够呈现出良好的合作行为，那么，此区域的环境容量既不允许过于饱和也不能太稀松。这个研究为政策制定者提供了一定的参考依据。

　　本章的另一个重要发现是，群体中的异质性风险偏好程度对合作演化也产生了重要的影响。展开来讲，当群体的异质性风险偏好程度是可以内生演变时，随着它的增加，合作水平呈现出不同程度的下降趋势。尤其对于临界值以内的背叛诱惑参数来说，合作水平的下降程度非常小。所以，我们可以说，对于较小的背叛诱惑参数（$b<1.4$），风险偏好的各种异质程度对于合作行为的促进都是有效的。此外，我们对于各个参数变量进行了鲁棒性检验，保证了本章中结论的稳健性。我们的模型可以为风险偏好与合作之间的关系的研究提供重要的启示，为理解具有风险偏好的社会中合作行为的涌现提供有益的启示。

　　此外，由于我们在每一次系统演化的初期，个体的风险偏好类型我们都是事先外生给定的，我们的研究假定了随着仿真代数的进行，个体的风险偏好类型是不变的，只有策略属性随着演化。虽然一定时间内，个体的风险偏好类型不会发生改变，但日积月累，个体的风险偏好类型也有改变的可能，然而本章没有考虑个体风险偏好类型内生化的问题，如果假定个体的风险偏好是内生的，那么是否能够实现风险偏好与合作行为的共生演化呢？这是一个值得深入探究的问题。为了更加全面地研究风险偏好与合作演化之间的关系，个体风险偏好类型内生化的问题将成为下一步重要的研究内容。

第6章　基于社会福利的个体迁徙
驱动合作演化

6.1　社会福利

　　除了上一章我们讨论的基于成本与风险偏好这两个因素的个体迁徙，包括现有的大部分条件性迁徙的相关文献中，行为个体是否迁徙主要考量自身的条件，并没有将其他个体的情况考虑在内。具体来说，在以往的一大部分研究中，个体主要是通过衡量自身区域与迁徙区域的收益大小作为决定是否迁徙的重要因素（Helbing 等，2009；Roca 等，2011；Cheng 等，2011），并没有考虑其他个体的收益，这是个体自涉偏好（self-regarding）的体现。然而在现实生活中，个体除了具有自涉偏好，也具有他涉偏好。他涉偏好是相对于自涉偏好而言的，自涉偏好是指个体在选择行动时仅考虑自己的利益；而他涉偏好是指个体在选择行动时不只考虑自身的利益，还追寻一定的社会目标，考虑他人的福利（黄少安和韦倩，2011）。为此，我们在个体迁徙的机制中放松了个体偏好的假设条件，假定个体不仅具有自涉偏好，也具有他涉偏好，即个体在迁徙时除了考虑自己的收益还可能会考虑别人的收益。他涉偏好对个体迁徙具有重要的意义，所以，基于他涉偏好的迁徙机制与合作之间的关系值得我们进行深入的研究。他涉偏好除了体现在诸如公平、利他、互惠，个体在选择行动时考虑社会福利也是个体他涉偏好的一种体现。关于社会福利，国外存在诸多的社会福利思想与流派以及社会福利的定义，社会福利的概念总的来说主要包括两种：一种是广义的社会福利，是指国家为保障全体人民的福利水平而设立的规章制度；另一种是狭义的社会福利，是指国家为改善特定人群的生活而设立的制度和制定的措施（戴建兵和曹艳春，2012）。一个区域的社会福利是行为个体生活中的一个重要的考量指标。根据美国《社会工作词典》，社会福利的一种含义是指"一个社会共同体的集体的幸福和存在的状态"；美国学者米基利（Midgley）主张"社会福利既可以看作是社会福利的状态（戴建兵和曹艳春，2012；Barber，1999；Midgley and James，1997），也可以看作是社会福利制度"。在本章中我们把社会福利视为一种状态，假定为个体对给定区域的估计价值，它反映的是空间中局部（包含多个个体）的情况，因而体现了个体的他涉偏好。在网络演化博弈中以迁徙区域的社会福利作为度量个体是否迁徙的指标，目前，关于这方面的研究较少有讨论。

在过去的几十年，福利制度与个体迁徙的关系也引起了诸多学者的广泛讨论（Cushing，1993；Kurekova，2011；Jong 等，2005）。Cushing（1993）用来自美国的数据讨论了一定条件下迁徙与社会福利之间的关系，并且发现社会福利确实对决定是否迁徙有一定的影响，尤其是对于收入较低的人群来说这种影响更为明显；Kurekova（2011）基于中欧和东欧的数据分析了福利制度在塑造迁徙模式时的作用，研究结果表明福利制度在影响迁徙方面起到了重要的作用。综合文献与经验数据，我们发现，在一定的条件下，当迁徙区域的社会福利高于目前位置的社会福利时，个体迁徙的可能性更大，这是因为较高社会福利的地方可以改善我们的生活环境。当行为个体决定改善自己的环境时，我们假定个体对于自己的社会福利是不知情的，也就是说，对给定位置福利的评估和迁徙个体的福利无关，只依赖于其位置周围邻居的个体福利，这样就存在一个问题，如何对社会福利进行度量（Little，2012；Bergson，1938）。为了解决这个问题，在本章中我们引进了三种不同的社会福利函数（Social Welfare Function）：古典效用主义的社会福利函数（Utilitarian SWF）、贝尔努利-纳什社会福利函数（Bernoulli-Nash SWF）和罗尔斯社会福利函数（Rawlsian SWF），通过这些福利函数，个体的迁徙行为将取决于其他个体的福利并且可能影响他们的策略更新。那么，不同社会福利函数的应用是否会对合作的演化产生不同的作用？以社会福利为准则的迁徙机制对囚徒困境博弈中合作解的演化会产生怎样的影响？网络囚徒困境博弈中的合作解在什么条件下能够取得最优？此迁徙机制下合作者与背叛者的空间状态子图又是怎样的？本章将主要对这些问题进行解答。

本章我们在行为个体条件性的迁徙中引入了他涉偏好的一种——社会福利，并应用计算经济学的方法研究了网络囚徒困境博弈中不同的社会福利评价模型对迁徙模式和合作演化的影响。Netlogo 的社会仿真结果表明，在较广的参数空间下，基于社会福利的个体迁徙促进了合作行为的演化，三种不同的社会福利函数对合作演化也产生了不同的影响。我们通过演化结果判断哪一种社会福利函数更有利于合作行为的涌现，促进社会和谐，从而可以为政策制定者提供一定的参考依据。

本章接下来的结构安排如下：6.2 节对相关文献进行了梳理，主要包括两部分：一部分是他涉偏好对合作演化的影响，另一部分是社会福利与个体迁徙之间的关系；6.3 节详细介绍了本章的模型设定；6.4 节阐述并分析了仿真结果；6.5 节对本部分的结论进行归纳，并进一步探讨其理论意义与实践意义。

6.2　相关文献回顾

近几十年来，无论是经验还是行为实验数据都有效证明了他涉偏好的普遍存在性（Bowles and Gintis，2011；Cooper and Kagel，2013；

Grund 等，2013；Hoffman 等，1996；陈叶烽，2010；罗俊和陈叶烽，2015），他涉偏好也称为社会偏好。Güth 等（1982）的最后通牒博弈的实验验证了他涉偏好的存在，实验结果发现大部分提议者会给响应者初始份额的 40%~50%，而且响应者对分配方案中低于初始份额的 20%，拒绝率达 0.4~0.6（Guth 等，1982；Camerer 等，2003；郭心毅和陈斌，2009）。Hoffman 等（1996）用实验经济学的方法验证了独裁者博弈中他涉偏好的存在性。另外，陈银飞和茅宁（2008）从三种不同角度概括性地解释了他涉偏好理论；郭心毅和陈斌（2009）比较和分析了他涉偏好效用理论的主要模型，为我国的经济改革提供了一定的理论依据。

个体的他涉偏好对合作行为的演化存在着重要的影响（Chen 等，2008；Bo，2010；Wang 等，2010）。如 Szabo 和 Szolnoki（2012）在网络博弈中考虑了他涉偏好，即博弈个体的效用不只考虑自身的收益，而且会以一定的比例 Q 将邻居的收益考虑到个体的效用中，结果发现基于他涉偏好的效用函数促进了合作行为的涌现；Chen 等（2008）和 Wang 等（2010）在策略更新的过程中除了考虑自身的收益，还考虑了邻居的收益和信息，研究结果表明这些机制在一定的参数条件下提高了合作；Bo（2010）在复杂网络的囚徒困境博弈中讨论了不公平厌恶的影响，这是他涉偏好常用的形式；Lu 等（2014）在自我质疑（self-questioning）博弈中也考虑了他涉偏好对合作演化的影响；Grund 等（2013）从理论和仿真结果两方面验证了在囚徒困境博弈中他涉偏好是如何演化出来的。他涉偏好对合作演化的影响值得我们进一步研究。

他涉偏好的一种体现——个体行动时考虑社会福利，社会福利在影响个体迁徙方面也起着重要的作用（Snarr 等，2011；Jong 等，2005）。Jong 等（2005）验证了一般的论点：福利改革政策为贫穷家庭决定是否迁徙到其他洲创造了动机，表明了福利制度确实与个体或群体迁徙有着密切的关系；福利迁徙的实证研究主要集中在不同洲际之间的利益差异（Gramlich and Laren，1984；Blank，1988）；

Snarr 等（2011）认为他们的方法论是基于福利改革前的思想，所以这些实证结果具有不确定性，提出了福利改革后的迁徙模型，这个模型产生了与先前的实证结果一致的可测试假设。在本章中，我们把社会福利看作是一个集体的幸福状态，首先在模型中提出社会福利与个体迁徙之间的关系，然后深入研究基于社会福利的个体迁徙对合作演化的影响。

综上所述，他涉偏好对合作的演化起着重要的作用，而社会福利与个体迁徙之间又存在着重要的关系。除了迁徙成本、个体的风险偏好类型，迁徙区域的社会福利是个体决定是否迁徙的又一重要因素，这一因素影响了网络囚徒困境博弈中合作解的演化。接下来，我们对该模型进行详细的介绍。

6.3 社会福利函数与网络囚徒困境演化博弈模型

为了研究基于社会福利的个体迁徙对合作演化的影响，在本章我们建立一个考虑迁徙位置社会福利的演化模型。首先，我们给出度量社会福利的三种函数以及基于社会福利的迁徙规则。我们假定个体的收益是有记忆的且可累计的，并用来决定他们的个体福利。具体而言，每个个体 i 的福利为在过去 h 步的收益的总和，即对第 t 步，

$$\omega_j = \sum_{t-h<k\leqslant t} P_{j,k} \tag{1}$$

其中，ω_j 为 j 的个体福利，$P_{j,k}$ 为 j 在第 k 步时的收益。

就如以上所说，本章我们考虑了三种不同的社会福利函数：

古典效用主义的社会福利函数：

$$W_{U,i} = \sum_{j\in M_i} w_j \tag{2}$$

其中，$W_{U,i}$ 为 i 位置的社会福利，M_i 为 i 位置所有邻居的集合。

古典效用主义的社会福利函数把社会福利看作是所有社会成员的福利或效用的简单加总，任何社会成员的福利都被平等对待

（Bentham，2007）。

贝尔努利-纳什社会福利函数：

$$W_{B-N,\ i} = \prod_{j \in M_i} w_j \tag{3}$$

贝尔努利-纳什社会福利函数将社会福利水平度量为所有社会成员效用水平的乘积（Nash，1950）。

罗尔斯社会福利函数：

$$W_{R,\ i} = \min(w_j),\ j \in M_i \tag{4}$$

罗尔斯社会福利函数的社会福利水平取决于社会中效用最低的那部分人的福利水平（Rawls，2009）。

根据三种福利函数的形式我们可以看出，贝尔努利-纳什社会福利函数和罗尔斯社会福利函数包含公平的含义，也就是说，这两个福利函数对于较穷个体的福利变化更加敏感。尤其是罗尔斯社会福利函数的社会福利水平取决于社会中效用最低的那部分人的福利水平（Rawls，2009），所以可以将它看作是不公平厌恶的社会福利函数的一个极端情况。在贝尔努利-纳什（Bernoulli-Nash）社会福利函数中，因为个体对社会福利有不均匀的影响，所以可以把它看作是古典效用主义和罗尔斯社会福利函数的混合。比如，当给定位置有福利为 0 的邻居，不管其他邻居个体的福利如何，根据贝尔努利-纳什社会福利函数，此位置的社会福利就为 0；当给定位置的邻居个体福利都不是 0 时，此位置的社会福利为所有邻居个体的福利乘积。在社会科学中，不公平厌恶作为人类一种重要的社会偏好（涉他偏好）被广泛研究（Engelmann and Strobel，2004；Bolton and Ockenfels，2006）。在迁徙行为中，通过引进不同的福利函数和社会福利比较，可以探讨社会福利和不公平厌恶对合作演化的影响。

所以，基于社会福利的个体迁徙规则可以描述为：个体在存在的社会网络结构中随机选择邻居中的空白位置，针对不同的福利函数分别根据公式（2）、（3）、（4）计算目前位置与此空白位置的社会福利，当空白位置的社会福利高于目前位置的社会福利时，个体以概率 $1-\gamma$ 移动到此位置，以概率 γ 进行随机移动；否则的话，个体继续留在原来的位置。策略突变和随机迁徙都可以被看作是演化系统中的噪声或决策中的不确定性。根据惯例，对于孤立的个体（无邻居），我们假定他随机选择邻居的一个位置进行迁徙。

本章二维方格上的演化博弈的模型主体基本上与前两章一致，包括行为个体的博弈、行为个体的迁徙以及策略更新。

基于仿真实验的方法，社会福利与网络上囚徒困境演化博弈模型的具体步骤如下（具体仿真程序参考附录代码表3）：

第一步，初始条件：给定二维方格的大小为 50×50，每个行为个体有四个邻居的位置，每个位置被一个个体占据或空着。二维方格上行为个体包括合作者与背叛者，总数目为 N，合作者与背叛者均为 $N/2$，他们随机分布在二维方格中，群体密度定义为：$\rho = \dfrac{N}{50 \times 50}$，即为非空白节点在网络中所占的比值，$1-\rho$ 为网络中空白节点的比例。给定囚徒困境博弈矩阵参数为：$T = b > 1$，$R = 1.0$，$P = S = 0.0$（Tanimoto and Sagara，2007），满足 $T > R > P = S$，为弱囚徒困境博弈。

第二步，随机选择的个体与其纽曼（Neumann）邻居进行交互并计算其博弈收益，直至所有个体与其邻居进行交互。

第三步，行为个体计算其累计收益。

第四步，选中的行为个体 i 通过比较目前位置与迁徙位置的社会福利决定是否迁徙，以概率 γ 进行随机移动。

第五步，选中的行为个体 i 以概率 $1-\mu$ 进行策略更新，以概率 μ 进行策略重置，这样产生的策略突变可以被看作是环境噪声或者个体的试错行为。

第六步，重复步骤 4~5 直至执行完二维方格上的所有行为个体。

第七步，重复步骤 1~6 直至执行完预定的仿真代数。

表 6.1 展示了本章所使用符号及其含义。

表 6.1　本章符号汇总表

符号	含义
C	合作
D	背叛
u_i	个体 i 的策略属性
$u_i^{\,C}$	个体 i 的策略为合作
$u_i^{\,D}$	个体 i 的策略为背叛
P_i	个体 i 的博弈收益
b	背叛诱惑参数
ω_j	j 的个体福利
$W_{R,\,i}$	罗尔斯社会福利函数
$W_{B-N,\,i}$	贝尔努利-纳什社会福利函数
$W_{U,\,i}$	古典效用主义的社会福利函数
γ	随机迁徙的概率
μ	突变率
f_c	群体合作水平
ρ	群体密度值

6.4　仿真结果分析

首先，我们分析在三种不同的福利函数和迁徙噪声水平下，群体密度对合作演化的影响。在接下来的部分，f_c 作为描述系统最重要的变量，被定义为合作者占所有个体的比例。总的来说，模型的计算机仿真结果表明，基于迁徙的社会福利对系统中合作的涌现产生了重要的影响。

图 6.1 显示了在不同的福利函数、不同的迁徙噪声条件下，合作水平对群体密度的依赖性。仿真结果表明，对三种不同的福利函数都存在一个最优的密度值或密度区间使得合作水平 f_c 达到最优。然而，不同的福利函数下的结果也存在显著差异。主要体现在以下两方面：第一，不同的福利函数下，使得达到较高合作水平的最优密度区间存在差异。具体来说，古典效用主义的社会福利函数 W_U 的最优密度区间是在群体密度 ρ 较小时（$\rho \approx 0.4$）；相对来说，贝尔努利-纳什社会福利函数 W_{B-N} 和罗尔斯社会福利函数 W_R 的最优密度区间在 ρ 较大时，分别为 $\rho \in (0.5, 0.6)$ 和 $\rho = 0.9$ 左右。第二，观察图 6.1（c），我们可以把整个图分成两部分：低群体密度的部分（$\rho < 0.34$）和高群体

密度的部分（$\rho > 0.34$）。据图可知，随着 ρ 由低到高，不同的福利函数支持合作的相对效能是相反的。当 $\rho < 0.34$ 时，W_U 促使合作的能力要优于贝尔努利-纳什社会福利函数 W_{B-N} 和罗尔斯社会福利函数 W_R；当 $\rho > 0.34$ 时，相比较 W_U 和 W_{B-N}，罗尔斯社会福利函数 W_R 更有利于提高合作水平。在这种条件下，我们可以把贝尔努利-纳什社会福利函数 W_{B-N} 下促进合作的行为理解为古典效用主义的社会福利函数 W_U 和罗尔斯社会福利函数 W_R 的混合。另外，在图 6.1 中我们也给出了个体不迁徙和单一的随机迁徙时的模拟结果，因此，可以将我们的迁徙模型与个体不迁徙的情况进行对比性分析。观察图 6.1（a），可以看出，与个体不迁徙时相比较，在大部分的群体密度条件下，古典效用主义的社会福利函数 W_U 和罗尔斯社会福利函数 W_R 下的个体迁徙提高了群体的合作水平；但基于贝尔努利-纳什社会福利函数 W_{B-N} 的个体迁徙却抑制了合作行为的涌现。由图 6.1 中（b）和（c）可以得知，随机迁徙的引进改变了福利函数下的个体迁徙对合作水平的影响。具体来说，与图 6.1（a）相比较，随机迁徙的加入提高了所有福利函数的最优合作水平值。当随机迁徙的概率较小时（$\gamma = 0.01$），古典效用主义的社会福利函数 W_U 和贝尔努利-纳什社会福利函数 W_{B-N} 下的 f_c 没有超过中等水平（约 50%），尤其是当 $\gamma = 0.01$ 和 $\rho > 0.4$ 时，在促进合作行为方面，单一的随机迁徙机制要优于古典效用主义的社会福利函数 W_U 和贝尔努利-纳什社会福利函数 W_{B-N} 下的迁徙机制。但是整体来说，罗尔斯社会福利函数 W_R 对合作的促进作用仍然优于单一的随机迁徙机制。只有当随机迁徙的概率 γ 足够高时［图 6.1（c）］，古典效用主义的社会福利函数 W_U 和贝尔努利-纳什社会福利函数 W_{B-N} 下的迁徙机制才能获得较高的合作水平。即使存在随机迁徙的情况，罗尔斯社会福利函数 W_R 对合作的促进作用仍然是表现最优的，这个结果突出了罗尔斯社会福利函数 W_R 的特质。所以说，如果行为个体用罗尔斯社会福利函数 W_R 作为他们社会福利的评估，那么，就会存在一个最优的群体密度区间使得合作水平达到最高（$f_c > 75\%$），这个结论与随机迁徙是否起作用无关。例如，即使在 $\gamma = 0$ 时，应用罗尔斯社会福利

函数 W_R 在最优的密度值下也能获得较高的合作水平（$f_c > 75\%$），然而，对于古典效用主义的社会福利函数 W_U 和贝尔努利-纳什社会福利函数 W_{B-N} 来说，其最高合作水平仅为 0.5 左右，而且，系统中最优的合作解是在罗尔斯社会福利函数 W_R 下的迁徙机制中产生的。如果行为个体使用古典效用主义的社会福利函数 W_U 和贝尔努利-纳什社会福利函数 W_{B-N} 作为他们社会福利的评估，只有在随机迁徙概率足够高时才能获得较高的合作水平，如图 6.1（c）所示。

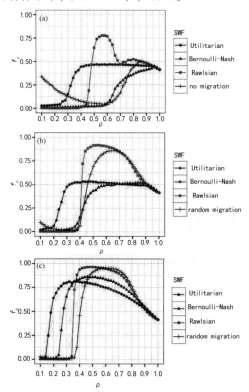

图 6.1　不同条件下（不同的福利函数，不同的迁徙噪声水平）群体密度对合作演化的影响

（a）$\gamma = 0$；（b）$\gamma = 0.01$；（c）$\gamma = 0.05$；
其他参数给定：$b = 1.4$，$\mu = 0.001$，$h = 5$。

数据 f_c 获得：每个点为相同初始参数条件下独立运行 40 次的平均值。每次演化的代数为 10000 代，达到稳定后取最后 5000 代的平均值。

图 6.2 为在不同群体密度值、不同社会福利函数的条件下，"背叛诱惑" b 值对合作演化的影响。观察图 6.2 可以发现，"背叛诱惑" b 值对合作演化的影响呈阶梯状，即存在一个使得合作水平下降的临界值，与其他迁徙模型的结论一致。

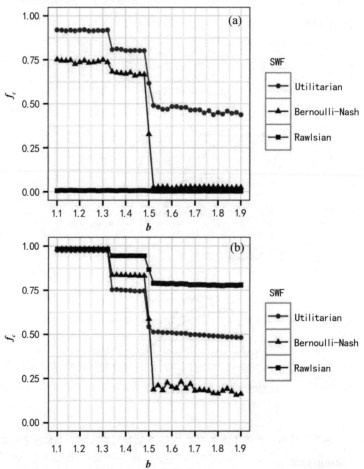

图 6.2　在不同条件下，"背叛诱惑" b 值对合作演化的影响

（a） $\rho = 0.3$；（b） $\rho = 0.6$；其他参数： $\mu = 0.001$ ， $\gamma = 0.05$ ， $h = 5$ 。

每次演化的代数为 10000 代，达到稳定后取最后 5000 代的平均值。

图 6.2 (a) 告诉我们，在较小的密度条件下 ($\rho = 0.3$)，古典效用主义的社会福利函数 W_U 表现最优，罗尔斯社会福利函数 W_R 从未获得较高的合作水平，并且对于所有的"背叛诱惑" b 值来说，古典效用主义的社会福利函数 W_U 要优于贝尔努利-纳什社会福利函数 W_{B-N} 和罗尔斯社会福利函数 W_R。观察图 6.2 (b) 可以发现在较高的群体密度时 ($\rho = 0.6$)，罗尔斯社会福利函数 W_R 表现最优。并且与古典效用主义的社会福利函数 W_U 相比，在背叛诱惑 $b < 1.5$ 时，罗尔斯社会福利函数 W_R 和贝尔努利-纳什社会福利函数 W_{B-N} 的合作水平增加较高，尤其是当背叛诱惑 b 在 1.34 和 1.48 之间时，合作水平增加的程度和密度增加的趋势是相反的。

换句话说，在 $b \in (1.34, 1.48)$ 时，罗尔斯社会福利函数 W_R 和贝尔努利-纳什社会福利函数 W_{B-N} 更有利于促进合作行为。在较高的群体密度时，罗尔斯社会福利函数 W_R 下的合作水平在所有的 b 值下都维持了较高的值 ($f_c > 75\%$)，这可以看作是罗尔斯社会福利函数 W_R 的一个优势。在群体密度高低不同时，结果为什么会存在显著差异呢？这是因为当社会网络中的密度较大时，代表了局部社会网络之间的人口数目差别较小，而古典效用主义的社会福利函数 W_U 以局部网络加总的社会福利水平为准，所以在密度较大时，初始条件下迁徙区域与目前区域的社会福利水平差异性较小，使得古典效用主义的社会福利函数 W_U 的个体迁徙对合作的促进作用不显著，特别是在背叛诱惑 $b < 1.5$ 时。而罗尔斯社会福利函数 W_R 是以局部网络中最差人的社会福利为准，基于罗尔斯社会福利函数 W_R 的迁徙增加了合作者移向合作团块的机会，扩大了合作团簇的蔓延。相反，当社会网络中的群体密度较小时，古典效用主义的社会福利函数 W_U 增加了合作者团体的社会福利水平，有利于合作团块的蔓延和合作水平的提高。

为了更好地理解不同福利函数的个体迁徙对合作演化的影响，我们研究了典型模拟代数的演化动力和空间模式，并且进一步探究了基于社会福利的个体迁徙是如何形成系统的演化特征的。首先，图 6.3 展示了 f_c 随时间的演化情况，可以看出，在仿真代数达到 10

后，古典效用主义的社会福利函数 W_U 和 W_{B-N} 快速达到了较高的合作水平，但是较高的合作水平随着时间的演化不能维持下来；经过短暂的时期，合作水平逐渐下降至中等水平或者更低的水平；接下来系统达到了动态均衡。观察图 6.3，我们发现罗尔斯社会福利函数 W_R 下的演化路径不同于古典效用主义的社会福利函数 W_U 和贝尔努利-纳什社会福利函数 W_{B-N}。在罗尔斯社会福利函数 W_R 下，初始时 f_c 未能获得较高的合作水平，但是随着仿真代数的叠加，f_c 逐渐增加直至达到了较高的合作水平，并且随着时间的演化，这种高合作水平仍然可以继续维持下去 [图 6.3 中（a）、（b）、（d）]。另外，我们可以看到随着 μ 和 γ 的变化，不同福利函数的相对有效性也会随着改变。噪声条件的改变，一方面，古典效用主义的社会福利函数 W_U 下的演化路径并没有受到明显的影响；另一方面，贝尔努利-纳什社会福利函数 W_{B-N} 和 W_R 下的演化路径却发生了明显的改变。由图 6.3 中（a）和（c）、（b）和（d）可以表明，策略噪声的增加（$\mu = 0 \to 0.01$）降低了 W_{B-N} 和 W_R 下的合作水平 f_c，尤其在没有随机迁徙时 [图 6.3（a）和（c）]，W_R 下的合作水平下降得更为明显（$f_c = 0.95 \to 0.2$ 左右）。随时间的演化过程表明，W_R 在提升合作方面的有效性要优于 W_U 和贝尔努利-纳什社会福利函数 W_{B-N}。这是因为，经过长时间的演化，W_R 将会产生一个高的合作水平。唯一例外的情况是只有策略噪声在起作用时 [图 6.3（c）]，类似于其他的福利函数，在 W_R 下的 f_c 随着时间的演化逐渐降低直至较低的水平甚至比古典效用主义的社会福利函数 W_U 和贝尔努利-纳什社会福利函数 W_{B-N} 更糟糕。因此，我们可以说，无随机迁徙时，基于 W_R 的个体迁徙机制对较高的噪声条件更为敏感。分析图 6.3 中（a）和（b）可以发现，随机迁徙噪声提高了三种福利函数下的合作水平。当 $\gamma = 0$ 上升至 0.01 时，W_R、古典效用主义的社会福利函数 W_U 和贝尔努利-纳什社会福利函数 W_{B-N} 下的合作水平 f_c，分别由 0.9、0.6 和 0.5 上升至 1、0.7 和 0.6。所以说，迁徙噪声有利于网络囚徒困境博弈中合作水平的提高。

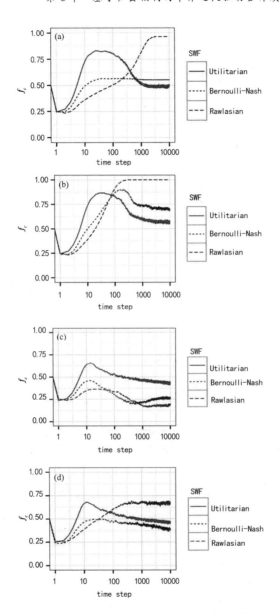

图 6.3　在不同条件下，f_c 随时间的演化。

（a）$\mu = 0$，$\gamma = 0$；（b）$\mu = 0$，$\gamma = 0.01$；（c）$\mu = 0.01$，$\gamma = 0$；

（d）$\mu = 0.01$，$\gamma = 0.01$；其他参数：$\rho = 0.6$，$b = 1.4$，$h = 5$。

为了直观上理解不同社会福利函数的度量对合作演化的影响，图 6.4、6.5 和 6.6 展示了不同密度、不同随机迁徙概率、不同社会福利函数下，随时间变化的空间状态子图。网络博弈中的关键特征——团块的形成，在合作涌现的过程中起到了重要的作用。据图 6.4 可知，如果没有团簇的形成便没有合作的涌现，此结论正好验证了其他文献中的观点。在群体密度较低时（$\rho = 0.3$，图 6.4），只有古典效用主义的社会福利函数 W_U 能够使得群体形成小的团块进而促进并维持了合作现象。然而，当策略噪声生效时，对于获得高合作水平来说，团块的形成不是一个充分的条件。事实上，在古典效用主义的社会福利函数 W_U 下，通过策略突变会形成一个合作者和背叛者共存的几个团块。在群体密度较高时（$\rho = 0.6$，图 6.5 和 6.6），不同的社会福利函数下，团簇的形成模式也不同，这一点可以解释为什么不同社会福利函数下合作水平也会不同。与罗尔斯社会福利函数 W_R 相比较，古典效用主义的社会福利函数 W_U 形成的团簇较大，不利于合作水平的提高；而罗尔斯社会福利函数 W_R 形成了较小的合作团簇，使得大量的团簇之间可以共存。当古典效用主义的社会福利函数 W_U 或贝尔努利-纳什社会福利函数 W_{B-N} 发挥作用时，在团簇之间会产生大量的空白位置，在这种情况下，个体在团簇之间不能频繁地进行移动，不利于合作团簇的蔓延。当罗尔斯社会福利函数 W_R 发挥作用时，团簇与团簇之间的距离较小，通过比较社会福利可以更加快速地移向其他团簇，在这种情况下，变异的背叛者很难入侵合作者的团块，这是因为群体中存在大量的团簇且随着时间的演化，团簇之间的成员可以频繁地进行交换。当这种团簇结构形成时，高水平的合作便会涌现且保留下来。当个体的迁徙速率增加时（图 6.6），所有福利函数的合作水平都得到了提升，但罗尔斯社会福利函数 W_R 仍然是表现最优的。所以，在群体密度比较高的条件下，罗尔斯社会福利函数 W_R 的个体迁徙为阻止背叛者侵蚀整个网络提供了有效的方式。

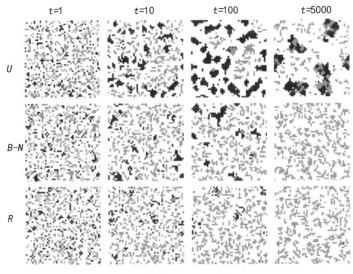

图 6.4　不同密度随时间变化的空间状态子图

仿真参数: $\rho = 0.3$, $\mu = 0.001$, $\gamma = 0.01$, $b = 1.4$, $h = 5$。
U 为古典效用主义社会福利函数, $B-N$ 为贝尔努利-纳什社会福利函数, R 为罗尔斯社会福利函数。灰色为背叛者, 黑色为合作者, 白色为空白节点。

接下来, 我们争取从更多的细节上解释不同福利函数下的演化动力学和空间格局。对于罗尔斯社会福利函数来说, 观察图 6.3 我们发现在演化的时间里存在显而易见的忍受期和扩展期 (Ogasawara 等, 2014; Shigaki 等, 2012; Tanimoto, 2015; Wang 等, 2014)。忍受期 (enduring period) 是指合作者要忍受背叛者入侵的时间; 扩展期 (expanding period) 指合作者扩展自己的邻域的时期。在忍受期, W_R 下的合作水平迅速下降; 在扩展期, 合作水平逐渐增加 (图 6.3)。经过忍受期, 许多背叛者和一些小的合作团簇分散式地存在于群体中 (图 6.6, $t = 10$, R)。基于罗尔斯社会福利函数的合作社区的社会福利高于背叛者的区域, 所以, 增加了合作者移向合作团簇的机会。而且, 位于合作团簇边界的个体在策略更新时将会学习合作策略。因此, 在扩展期, 合作团簇可以存活并且扩展自己的合作领域直至趋于稳定状态 (图 6.6, $t = 100$, 5000, R)。基于罗尔斯社会福利函数的迁徙机制增加了合作者逃离背叛者邻域的机会。然而，较高的策略噪声导致更多的合作者变为背叛者，抑制了合作团簇的形成［图 6.3（c）和（d）］；这个较高的策略噪声也使得背叛者变为合作者，因此合作水平形成了明显的振荡。在没有策略噪声的条件下，随机迁徙的引进缩短了合作达到稳定状态的时间［图 6.3（a）和（b）］。对于罗尔斯社会福利函数来说，合作者有机会移向合作者的邻域，同样，背叛者也有机会移向合作团簇。然而，随机迁徙可以减少背叛者移向合作团簇的机会，所以，合作水平可以迅速提高［图 6.3（b）］。

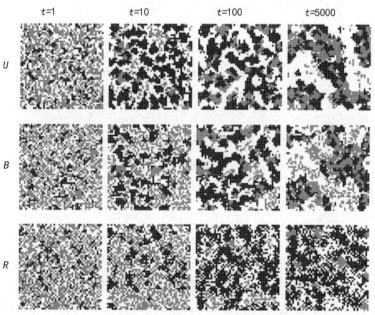

图 6.5　不同随机迁徙概率随时间变化的空间状态子图

仿真参数：$\rho = 0.6$，$\mu = 0.001$，$\gamma = 0.01$，$h = 5$，$b = 1.4$。

灰色为背叛者，黑色为合作者，白色为空白节点。

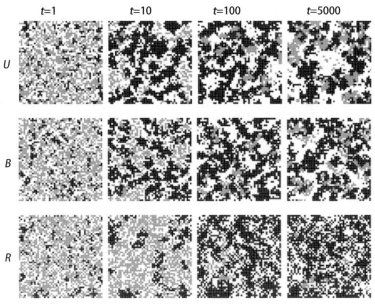

图 6.6　不同社会福利函数下随时间变化的空间状态子图

仿真参数: $\rho = 0.6$, $\mu = 0.001$, $\gamma = 0.05$, $b = 1.4$, $h = 5$。

灰色为背叛者, 黑色为合作者, 白色为空白节点。

对于罗尔斯社会福利函数, 经历过忍受期许多背叛者和小的合作团簇也分散式地存在于群体中 (图 6.6, $t = 10$, U)。类似于罗尔斯社会福利函数, 位于合作团簇边界的背叛者在策略更新时将会模拟合作者的策略, 而且, 许多合作团簇被分布在二维格子上的背叛者隔离开来 (图 6.6, $t = 100$, U)。因为合作团簇基于古典效用主义的社会福利函数的社会福利高于其他地方, 所以合作团簇不能聚集在一起, 而且在团簇之间的空白位置逐渐扩展。然而, 背叛者仍然有机会入侵合作团簇, 抑制了扩展期。同时, 一些孤立的合作团簇仍然保留下来 (图 6.6, $t = 5000$, U)。

对于贝尔努利–纳什社会福利函数, 根据其定义可知, 当一个邻居个体的福利为 0 时, 这个邻域的社会福利为 0, 此时, 贫穷个体的社会福利对邻域的社会福利影响起决定作用。从这个观点来看, 贝尔努利-纳什社会福利函数类似于罗尔斯社会福利函数；另一方面，当个体的社会福利都不是 0 时，基于贝尔努利-纳什社会福利函数扩大了这种差异，这类似于古典效用主义的社会福利函数。因此，基于贝尔努利-纳什社会福利函数的结果可以被看作是古典效用主义的社会福利函数和罗尔斯社会福利函数的混合，尤其是在无策略噪声时 ［图 6.3 （a）和 （b）］。

为了考察策略噪声 μ 对群体中合作水平的影响，我们在图 6.7 中展示了在三种不同社会福利函数和不同的策略噪声下，演化稳定状态下的空间状态子图。观察图 5.7 首先可以发现，对三种策略函数来说，随着策略噪声的增加，群体中的背叛者数目越来越多，合作者数目随着减少。换句话说，策略噪声的增加降低了群体中的合作水平。这是因为，虽然基于社会福利的个体迁徙机制使得群体中涌现了更多的合作者，但策略噪声的增加同样使得群体中更多的合作者成为背叛者，减少了群体中的合作者数目。其次，我们发现，罗尔斯社会福利函数对策略噪声的增加最不敏感，合作水平降低幅度最小，尤其在 μ 较低 （$\mu = 0.001$ 以及 $\mu = 0.01$）时，这是由罗尔斯社会福利函数的含义所决定的。策略噪声的增加意味着群体中的个体策略发生随机转换的概率增加，但由于罗尔斯社会福利函数只取决于最低的单个个体的福利，所以，与其他两种福利函数相比较，在随机迁徙的条件下，罗尔斯社会福利函数下的合作水平对于策略噪声的增加表现得不敏感。但当策略噪声持续增加时，罗尔斯社会福利函数下的合作者数目明显减少。最后，我们发现，当不考虑策略噪声时 （$\mu = 0$），三种福利函数下的合作者数目无显著差异，都被合作者占领；在策略噪声较大时 （$\mu = 0.05$），三种福利函数下的合作水平差别也比较小。所以说，只有在适当的策略噪声 （$\mu = 0.001$ 以及 $\mu = 0.01$）下，罗尔斯社会福利函数的优势才凸显出来。基于演化经济学的视角，策略噪声在经济学中可以看作是某种程度的创新，创新是经济社会演化的源泉，只是这种创新是在给定范围内的突变，并不是实质性的创新，但对策略噪声的研究仍然有助于我们理解试错行为在合作演化中的作用。这是因为，策略噪声一方面可以使得群体中出现新的策略行为；另一方面，策略噪声的增加改变了群体内的其他策略行为的比例，从而影响了合作的演化。

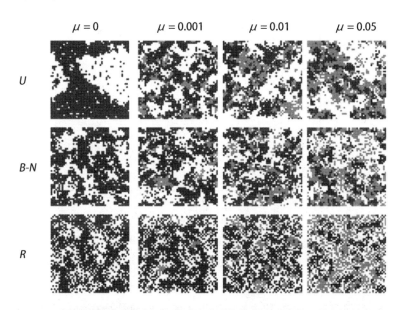

图 6.7　不同社会福利函数和不同策略突变率下演化稳定状态下的空间状态子图

仿真参数：$\rho = 0.6$，$\gamma = 0.05$，$b = 1.4$，$h = 5$。

灰色为背叛者，黑色为合作者，白色为空白节点。

通过分析图 6.3（c）和 6.7 可知，有无随机迁徙对合作水平起着重要的作用。在图 6.3（c）和 6.7 中，相同的策略噪声，但罗尔斯社会福利函数下的合作水平却呈现出不同的结果，有随机迁徙的合作水平高于无随机迁徙的情况。接下来，我们考察在三种不同的社会福利函数下，随机迁徙的概率对合作水平的影响，如图 6.8 所示。首先我们可以发现，随着迁徙噪声的增加，三种福利函数下的合作水平都随着增加；其次，罗尔斯社会福利

函数 W_R 下的合作水平要高于 W_U 和 W_{B-N}。也就是说，随机迁徙噪声提高了群体的合作水平。但由图 6.1（c）可知，在密度 $\rho \in$（0.35，0.5）时，罗尔斯社会福利函数 W_R 下的合作水平高于随机迁徙（$\gamma = 1$）的情况下。

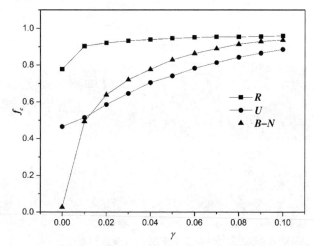

图 6.8 不同的社会福利函数下，随机迁徙的概率对合作水平的影响

仿真参数：$\rho = 0.6$，$\mu = 0.001$，$b = 1.4$，$h = 5$。

我们假定，个体用过去的历史决定他们的社会福利。因此，记忆容量 h 存在于系统中，并且它可能会对合作演化产生影响。为了解决这个问题，图 6.9 展示了在特定的条件下，记忆容量对合作水平的影响。结果发现，在古典效用主义的社会福利函数 W_U 下，只有在较低的记忆容量下才会产生较高的合作水平，高的记忆容量反而不利于提高合作水平。这个结论与已有研究的结论一致（Qin 等，2008；Hadzibeganovic 等，2014）：记忆可以显著地支持合作，但在一定的条件下，较高的记忆能力可能抑制合作。在 W_{B-N} 下，记忆容量对合作的影响依赖于是否有策略噪声。当没有策略噪声时［图 6.9（a）］，类似于 W_U 中 h 的影响，随着记忆容量的增加合作水平逐渐下降；当策略噪声发挥作用时［图 6.9（b）］，对于 W_{B-N} 来说，较

高的记忆容量产生了较高的合作水平。图 6.9（b）显示了随着记忆
容量的改变，不同福利函数对支持合作的相对有效性也随着改变。
当记忆容量较低时（$h \leqslant 2$），只有 W_U 支持较高的合作水平；随着记
忆容量增加到较高值时（$2 < h \leqslant 10$），W_R 的优势凸现出来，可以作
为提升合作的一种方式；随着记忆容量的进一步增加（$h > 10$），W_U
表现得越来越糟糕并且不再支持高水平的合作行为。

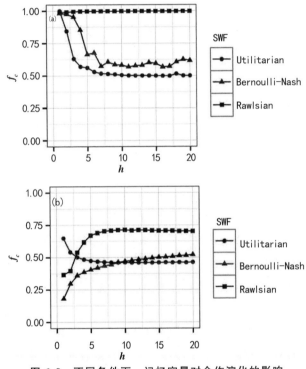

图 6.9 不同条件下，记忆容量对合作演化的影响

（a）$\mu = 0$；（b）$\mu = 0.01$；

其他参数：$\rho = 0.6$，$\gamma = 0.01$，$b = 1.4$。

f_c 数据获得：每个点为相同初始参数条件下独立运行 20 次的平均值。

每次演化的代数为 10000 代，达到稳定后取最后 5000 代的平均值。

6.5 基于社会福利的迁徙影响合作演化

实验经济学和社会科学已经证明个体具有社会偏好（Charness and Rabin, 2002；Fehr and Fischbacher, 2002；Tricomi 等，2010）。然而，在已有的关于个体迁徙对合作演化的文献中，假定个体具有社会偏好（他涉偏好）的研究却极少，这些偏好对合作演化的影响仍然需要做进一步的研究。社会福利的评估作为一种重要的他涉偏好类型，在个体的行为模式方面起着重要的作用。因此，对于基于社会福利的个体迁徙是否影响囚徒困境博弈中的合作解，是一个值得探讨的问题。在本章中，我们假定个体在迁徙的过程中具有考虑社会福利的他涉偏好，并且分别以古典效用主义的社会福利函数、贝尔努利-纳什社会福利函数和罗尔斯社会福利函数三种不同的福利函数作为迁徙位置的福利评估。我们的研究发现，具有他涉偏好的个体迁徙有利于网络囚徒困境博弈中合作解的涌现。而且，三种不同的福利函数下的合作水平在不同的群体密度条件下也表现不同。在群体密度较小时（$\rho = 0.3$），古典效用主义的社会福利函数对合作的促进作用表现最优；而在较高的群体密度时（$\rho = 0.6$），罗尔斯社会福利函数表现最优。因此，我们可以说，在人口密度较高的环境下，应用罗尔斯社会福利函数作为个体的福利评估更有利于社会中合作水平的提高。而且与以往的研究相比，基于罗尔斯社会福利函数的个体迁徙提高了使得合作水平下降的背叛诱惑参数临界值，即 b^* 由 1.4 扩大至 1.5。演化过程和空间状态子图，证实了合作团簇的形成和维持。在群体密度较高的条件下（$\rho = 0.6$），群体的演化过程和空间状态子图表明，罗尔斯社会福利函数更快达到了群体的演化稳定均衡状态，突出了罗尔斯社会福利函数的优势。这一发现可以丰富个体迁徙机制和合作演化之间关系的研究。

我们的研究还发现，策略噪声和随机噪声对囚徒困境博弈解起着重要的作用。对古典效用主义的社会福利函数、贝尔努利-纳什社会福利函数和罗尔斯社会福利函数这三种福利函数来说，策略噪声的增加降低了群体中的合作水平；而迁徙噪声的增加，使得群体的合作水平随着增加。这是因为，策略噪声增加使得群体内的更多的合作者转变为背叛者，降低了合作水平；而迁徙噪声减少了合作者移向背叛者的机会，提高了合作水平。

由于不公平厌恶是这三种福利函数的一个非常重要的特性，对社会福利和合作演化之间的研究结果表明不公平厌恶可能在合作的演化方面起着重要的作用。因此，我们的工作为理解社会系统中他涉偏好和合作之间的关系提供了有益的帮助，也为社会偏好和合作演化之间的研究架起了桥梁，可以为政策制定者提供一定的参考依据。

在本章模型中，我们给出了古典效用主义的社会福利函数、贝尔努利-纳什社会福利函数和罗尔斯社会福利函数这三种福利函数，那么，其他形式的福利函数对合作的演化是否会有效呢？对合作水平会产生怎样的影响呢？以及个体在迁徙过程中具有的诸如公平、互惠等他涉偏好又会对空间囚徒困境博弈解产生怎样的影响呢？对以上问题的解答有助于完善关于他涉偏好和合作演化之间关系的研究，以上问题也将成为接下来的重要研究方向。

第7章 结论与展望

7.1 本书主要结论

从网络结构和个体迁徙的角度去理解合作的演化已经成为行为经济学中一个重要的研究内容，仿真实验的研究方法则是研究合作演化问题的有力工具。网络结构上的个体迁徙有利于合作者团簇的形成，为合作的建立和维持提供了可能性。虽然已有大量的文献研究关于个体迁徙和合作演化之间的关系，但仍然存在一些尚未探究的问题。例如，大部分的研究并未探究迁徙成本、风险偏好和他涉偏好等因素对合作演化的影响。本书基于 Netlogo 的仿真实验方法，以网络上的囚徒困境博弈为理论框架，分别探讨了迁徙过程中的迁徙成本、个体的异质性风险偏好和他涉偏好对合作演化的影响。本书的主要结论归纳如下：

（1）在引入成本的"近君子，远小人"的个体迁徙机制中，我们发现，无论是规则网络还是小世界网络，"近君子，远小人"的个体迁徙机制对于群体中合作的维持和提高都起到了促进的作用。"近君子"的策略偏好保证了合作者团簇的形成；"远小人"的迁徙概率则降低了背叛者入侵合作者的机会。"近君子，远小人"的迁徙机制对合作的促进作用依赖于空间中的群体密度值和博弈支付参数。研究发现，当群体的密度值达到中等偏上（0.6 左右）时合作水平达到最大值；并且存在一个博弈支付的临界值（$b=1.4$ 左右）使得合作水平急速下降，对背叛诱惑参数这一变量的研究可以解答为什么在大部分的文献中经常选出背叛诱惑参数 $b=1.2$ 和 $b=1.4$ 这两个参数值作为代表"背叛诱惑"这一变量对合作水平的影响。

我们的研究还发现，在不考虑策略噪声时，迁徙成本的增加对合作水平无显著的影响。通过建立与迁徙成本负相关的迁徙概率的理论模型，来影响个体的交互结构进而影响个体的策略学习。研究发现，迁徙成本虽然降低了个体迁徙的概率，但并没有降低群体的合作水平。但在给定策略噪声时，迁徙成本的增加则降低了群体的合作水平。为了进一步验证"近君子，远小人"的迁徙机制对合作促进的有效性，我们研究了费米函数的策略更新方式和基于时间的累计收益函数下的合作演化，研究发现，在这两种机制下均维持了高达 0.7 的合作水平，证明了该迁徙机制在此条件下对合作行为仍具有促进作用。

另一个重要的发现是，即使在策略噪声和较高的背叛诱惑参数的不利条件下，小世界网络上的合作水平仍要高于二维规则网络上的合作水平。小世界网络的短平均路径长度和高聚类系数的特点为合作秩序的扩展提供了更加有利的条件。小世界网络是现实生活中最常见的网络，因此，在小世界网络上分析"近君子，远小人"的迁徙机制对合作水平的影响有着更加现实的意义。

（2）在考虑个体风险偏好的迁徙机制中，风险偏好的个体迁徙对于合作行为的建立甚至促进都是一种有效的机制。基于风险偏好的个体迁徙使得风险追逐型的合作者有较高的迁徙速率，从而增加了群体中合作者逃脱背叛者入侵的机会，为合作团簇的蔓延提供了有力的保证。将风险偏好变量引入个体迁徙，为我们研究社会中个体的风险偏好类型与社会中合作之间的关系提供了可能。同质性风险偏好对合作演化影响的结果表明，当网络中的个体均为风险追逐型时，合作行为可以得到有效的提升；风险中性的假设使得合作行为可以保留下来；较大程度的风险厌恶不利于合作的建立。在关于空间状态子图和个体交互结构的分析中，我们发现，异质性风险偏好的个体迁徙实现了合作策略和网络结构的共生演化。当群体的异质性风险偏好程度可以内生演变时，随着异质程度的增加，合作水平呈现出不同程度的下降趋势。也就是说，为了保证群体可以形成高水平的合作，群体内个体的风险偏好类型应该以风险中性为主，避免出现风险偏好、风险中性和风险厌恶均匀分布的情况。

另外，在基于风险偏好的迁徙机制下，迁徙成本对合作水平的影响不同于"近君子，远小人"的迁徙机制。具体而言，对于较大的背叛诱惑参数（$b = 1.4$），迁徙成本的增加提升了群体中的合作水平；然而，对于较小的背叛诱惑参数（$b = 1.2$），迁徙成本的增加降低了合作水平。背叛诱惑参数较高时，在演化初期，网络中存在更多的背叛者，随着迁徙成本的增加，风险追逐型背叛者的迁徙速率随之下降，减少了背叛者破坏合作团块的机会，为合作团块的蔓延提供了有利的环境。

（3）当考虑社会福利这种他涉偏好的个体迁徙时，我们发现，具有他涉偏好的个体迁徙有利于网络囚徒困境博弈中合作解的涌现，而且，背叛诱惑参数三种不同的福利函数下的合作水平在不同的群体密度条件下也表现出了不同。在群体密度较小时（$\rho = 0.3$），古典效用主义的社会福利函数对合作的促进作用表现最优；而在较高的群体密度时（$\rho = 0.6$），罗尔斯社会福利函数表现最优。因此，我们可以说，在人口密度较低时，应用古典效用主义的社会福利函数作为评估个体迁徙位置的社会福利，有利于群体内合作行为的涌现；在人口密度较高的环境下，应用罗尔斯社会福利函数作为个体迁徙位置的福利评估可以形成高水平的合作。而且与以往的研究相比，罗尔斯社会福利函数提高了使合作水平下降的背叛诱惑参数临界值，b^* 由 1.4 扩大至 1.5，也就是说，即使在 1.4 的高背叛诱惑参数值下，罗尔斯社会福利函数仍然促使了高合作水平的形成。

我们的研究还发现，策略噪声和随机噪声对囚徒困境博弈解起着重要的作用。对古典效用主义的社会福利函数、贝尔努利-纳什社会福利函数和罗尔斯社会福利函数这三种福利函数来说，策略噪声的增加降低了群体中的合作水平；而迁徙噪声的增加，使得群体的合作水平随之增加。从演化经济学的视角，可以把噪声理解为某种程度的创新。创新是经济社会演化的源泉，在演化博弈论的框架下，只是这种创新是在给定范围内的突变，并不是实质性的创新，但对噪声的研究仍然有助于我们理解试错行为在合作演化中的作用。

通过对演化过程和空间状态子图的分析，我们发现在演化的时间里存在显而易见的忍受期和扩展期，即合作者忍受背叛者入侵的时期和合作者扩展自己的邻域的时期。由于不公平厌恶是古典效用主义的社会福利函数、贝尔努利-纳什社会福利函数和罗尔斯社会福利函数这三种福利函数的一个非常重要的特性，这些结果表明不公平厌恶可能在合作的演化方面起着重要的作用。因此，我们的工作为理解个体的他涉偏好和合作之间的关系提供了有益的帮助，也为社会偏好和合作演化之间的研究架起了桥梁，可以为政策制定者提供一定的参考依据。

7.2　进一步的研究方向

本书的研究主要是在二维方格的规则网络和小世界网络上展开的，正如现在的研究所显示的，除了二维方格和小世界这个代表性的网络，无标度网络、熟人网络等也是社会学中重点考察的对象。因此，我们的研究可以进一步拓展到其他网络类型中，尤其个体的迁徙更容易受网络结构性质的影响，比如说，无标度网络中的中心节点的迁徙会对群体的合作演化产生怎样的影响呢？另外，平均路径长度、集群系数等因素或许会对个体的迁徙路径产生影响。

本书在基于"近君子，远小人"的迁徙机制中探讨的是相同的单位距离的迁徙成本对合作演化的影响，然而，现实中个体的迁徙成本是受迁徙距离影响的，距离长的个体迁徙势必要增加迁徙成本。所以，可以进一步探讨二维平面上基于距离的迁徙成本对合作演化的影响，对于迁徙距离的定义又是一个值得探讨的问题。

我们在每一次系统演化的初期，个体的风险偏好类型都是事先外生给定的，我们的研究假定了随着仿真代数的进行，个体的风险偏好类型是不变的，只有策略属性随着演化。虽然一定时间内，个体的风险偏好类型不会发生改变，但日积月累，个体的风险偏好类型也有改变的可能，然而本书没有考虑个体风险偏好类型内生化的问题，如果假定个体的风险偏好是可变的，那么，是否能够实现风险偏好与合作行为共生演化呢？这是一个值得深入探究的问题。为了更加全面地研究风险偏好与合作演化之间的关系，个体风险偏好类型内生化的问题将成为下一步重要的研究内容。

本书探讨了囚徒困境博弈中的合作演化，公共品博弈是经济学中诸多问题的代表，例如碳排放的问题，基于网络结构的视角研究公共品博弈可以为经济政策提供更多的实际性的建议。今后的研究还可以检验其他类型的社会福利函数对合作演化的影响，以便于寻找最优的社会福利函数促使合作行为的涌现，使得社会结果最优。

本书主要应用仿真的方法讨论网络囚徒困境博弈中合作解的演化，没有从理论上给出解析解。虽然做到这一步有一定的困难，但未来可以应用随机过程的基本知识，从理论上进一步探讨社会网络上的决策、行为和博弈。比如说，一个个体采取两种策略（1和2），在两个不同时刻 $t-1$、t，网络中采取策略1的人数为 s_t，那么在两个不同时刻存在一个转移概率，所有的转移概率组成了一个转移矩阵，形成了一个马尔科夫链。其中，转移概率为：$p(s_{t+1} = s' \mid s_t = s)$。关于社会网络上的演化博弈的理论研究也是今后的一个重要研究方向。

参考文献

[1] Acemoglu, D. , Bimpikis, K. & Ozdaglar, A. Communication Information Dynamics in (Endogenous) Social Networks [J] . *Lids Report*, 2009

[2] Alkemade F , Castaldi C . Strategies for the Diffusion of Innovations on Social Networks [J] . *Computational Economics*, 2005, 25 (1-2): 3-23

[3] Aktipis, C. Know When to Walk Away: Contingent movement and the evolution of cooperation [J] . *Journal of Theoretical Biology*, 2004, 231 (2): 249-260

[4] Aktipis, C. Is cooperation viable in mobile organisms simple walk away rule favors the evolution of cooperation in groups [J] . *Evolution and Human Behavior*, 2011, 32 (4): 263-276

[5] Alchian, A. A. Uncertainty, evolution and economic theory [J] . *Journal of Political Economy*, 1950, 58 (3): 211-211

[6] Allouch, N. On the private provision of public goods on networks [J] . *Journal of Economic Theory*, 2015, 157: 527-552

[7] Abrahamson E, Rosenkopf L. *Social Network Effects on the Extent of Innovation Diffusion: A Computer Simulation* [M] . 1997, 8 (3): 289-309

[8] Amaral, M. A. , Wardil, L. , Perc, M. , 等 . Evolutionary mixed games in structured populations: Cooperation and the benefits of het-

erogeneity ［J］. *Physical Review E*, 2016, 93 （4）: 042304.

［9］ Angus, S. *Endogenous cooperation network formation* ［M］. Berlin: Springer Berlin Heidelberg, 2008

［10］ Antonioni, A. , Tomassini, M. & Buesser, P. Random diffusion and cooperation in continuous two-dimensional space ［J］. *Journal of Theoretical Biology*, 2014, 344: 40-48

［11］ Assent, M. A. L. M. V. Effects of individual decision theory assumptions on predictions of cooperation in social dilemmas ［J］. *Journal of Mathematical Sociology*, 1998, 23 （2）: 143-153

［12］ Axelrod, R. *The evolution of cooperation* ［M］. New York: Basic Books, 1984

［13］ Bala, V. & Goyal, S. A noncooperative model of network formation ［J］. *Econometrica*, 2000, 68 （5）: 1181-1229

［14］ Bala, V. & Goyal, S. Conformism and diversity under social learning ［J］. *Economic theory*, 2001, 17 （1）: 101-120

［15］ Bala, V. & Goyal, S. Learning from neighbors ［J］. *Review of Economic Study*, 1998, 3 （65）: 595-622

［16］ Banos A, Lang C, Marilleau N. *Agent-based spatial simulation with Netlogo* ［M］. Elsevier, 2015

［17］ Barabási, A. L. & Albert, R. Emergence of scaling in random networks ［J］. *Science*, 1999 （a）, 286 （5439）: 509-512

［18］ Barabási, A. L. , Albert, R. & Jeong, H. Mean-field theory for scale-free random networks ［J］. *Physica A: Statistical Mechanics and its Applications*, 1999 （b）, 272 （1）: 173-187

［19］ Barber, R. L. *The social work dictionary*, 4th edition ［M］. Washing D. C. : NASW Press, 1999

［20］ Barr, J. & Tassier, T. Endogenous neighborhood selection and the attainment of cooperation in a spatial prisoner's dilemma game ［J］. *Computational Economics*, 2010, 35 （3）: 211-234

[21] Bass F M. A New Product Growth for Model Consumer Durables [J]. *Management Science*, 1969, 15 (5): 215-227

[22] Batista, C. & Umblijs, J. Migration, risk attitudes, and entrepreneurship: evidence from a representative immigrant survey [J]. *IZA Journal of Migration*, 2014, 3 (1): 1-25

[23] Bednarik, P., Fehl, K. & Semmann, D. Costs for switching partners reduce network dynamics but not cooperative behaviour [J]. *Proceedings of the Royal Society B: Biological Sciences*, 2014, 281 (1792): 20141661

[24] Bergson, A. A reformulation of certain aspects of welfare economics [J]. *Quarterly Journal of Economics*, 1938, 52 (2): 310 - 334

[25] Bilancini, E. & Boncinelli, L. The co-evolution of cooperation and defection under local interaction and endogenous network formation [J]. *Journal of Economic Behavior & Organization*, 2009, 70 (1-2): 186-195

[26] Blank, R. The Effect of Welfare and Wage Levels on the Location Decisions of Female-Headed Households [J]. *Journal of Urban Economics*, 1988, 24: 186-211

[27] Bo, X. Other - regarding preference and the evolutionary prisoner dilemma on complex networks [J]. *Physica A: Statistical Mechanics and its Applications*, 2010, 389 (5): 1105-1114

[28] Bo, X. Y. Prisoner's dilemma game on complex networks with agents' adaptive expectations [J]. *Journal of Artificial Societies & Social Simulation*, 2012, 15 (3): 3

[29] Bolton, E. & Ockenfels, A. Measuring efficiency and equity motives: a comment on inequality aversion, efficiency, and maximin preferences in simple distribution experiments [J]. *American Economic Review*, 2006, 96 (5): 1906-1911

[30] Bowles, S. & Gintis, H. *A cooperative species: Human reciproc-*

ity and its evolution ［M］. Princeton: Princeton University Press, 2011

［31］Bowles, S. & Gintis, H. The evolution of strong reciprocity: cooperation in heterogeneous populations ［J］. *Theoretical Population Biology*, 2004, 65 (1): 17-28

［32］Bramoullé, Y. & Kranton, R. Public goods in networks ［J］. *Journal of Economic Theory*, 2007, 135 (1): 478-494

［33］Bravo, G., Squazzoni, F. & Boero, R. Trust and partner selection in social networks: an experimentally grounded model ［J］. *Social Networks*, 2012, 34 (4): 481-492

［34］Bruun C. Agent-based computational economics-an introduction ［J］. *Department of Economics*, 2004

［35］Burt, R. S. *Structural holes* ［M］. Cambridge M A: Harvard University Press, 1992

［36］Burt, R. S. The network structure of social capital ［J］. *Research in Organizational Behavior*, 2000, 22 (22): 345-423

［37］Camerer, C. F. Behavioral game theory: Plausible formal models that predict accurately ［J］. *Behavioral & Brain Sciences*, 2003, 26 (2): 157-158

［38］Cao, L., Ohtsuki, H., Wang, B., *et al.* Evolution of cooperation on adaptively weighted networks ［J］. *Journal of Theoretical Biology*, 2011, 272 (1): 8-15

［39］Cao, X. B., Du, W. B. & Rong, Z. H. The evolutionary public goods game on scale-free networks with heterogeneous investment ［J］. *Physica A: Statistical Mechanics and its Applications*, 2010, 389 (6): 1273-1280

［40］Cardillo, A., Gómez-Gardeñes, J., Vilone, D., *et al.* Co-evolution of strategies and update rules in the prisoner′s dilemma game on complex networks ［J］. *New Journal of Physics*, 2010, 12 (10): 103034

[41] Cassar, A. Coordination and cooperation in local, random and small world networks: experimental evidence [J] . *Games Econ Behav*, 2007, 58: 209-230

[42] Charness, G. & Rabin, M. Understanding social preferences with simple tests [J] . *Quarterly Journal of Economics*, 2002, 817-869

[43] Chen, X. , Fu, F. & Wang, L. Promoting cooperation by local contribution under stochastic win-stay-lose-shift mechanism [J] . *Physica A: Statistical Mechanics and its Applications*, 2008, 387 (22): 5609-5615

[44] Chen, X. J. , Zhang, Y. , Huang, T. Z. , *et al*. Solving the collective-risk social dilemma with risky assets in well-mixed and structured populations [J] . *Physical Review E*, 2014, 90 (5-1): 052823

[45] Chen, X. , Szolnoki, A. & Perc, M. Risk-driven Migration and the Collective-risk Social Dilemma [J] . *Physical Review E*, 2012, 86 (3): 036101

[46] Chen, Y. S. , Lin, H. & Wu, C. X. Evolution of prisoner's dilemma strategies on scale-free networks [J] . *Physica A: Statistical Mechanics and its Applications*, 2007, 385 (1): 379-384

[47] Chen, Z. , Gao, J. X. , Cai, Y. Z. , *et al*. Evolution of cooperation among mobile agents [J] . *Physica A: Statistical Mechanics and its Applications*, 2011, 390 (9): 1615-1622

[48] Cheng, H. , Dai, Q. & Li, H. Payoff-related migration enhances cooperation in the prisoner's dilemma game [J] . *New Journal of Physics*, 2011, 13 (4): 043032

[49] Cheng, H. , Li, H. & Dai, Q. Motion depending on the strategies of players enhances cooperation in a co-evolutionary prisoner's dilemma game [J] . *New Journal of Physics*, 2010, 12 (12): 123014

[50] Cohen, M. D. , Riolo, R. L. & Axelrod, R. The role of social structure in the maintenance of cooperative regimes [J] . *Rationality and*

Society, 2001, 13 （1）：5-32

[51] Coleman, J. S. Social capital in the creation of human capital [J]. *American Journal of Sociology*, 1988, 94 （Suppl 1）：95-120

[52] Colman, A. M. The puzzle of cooperation [J]. *Nature*, 2006, 440：744-745

[53] Cooper, D. J. & Kagel, J. H. *Other regarding preferences: a selective survey of experimental results*, *Handbook of experimental economics* [M]. Princeton：Princeton University Press, 2013

[54] Cushing, B. J. The effect of the social welfare system on metropolitan migration in the us, by income group, gender and family structure [J]. *Urban Studies*, 1993, 30 （2）：325-337

[55] David, N., Sichman, J. S. & Coelho, H. The logic of the method of agent-based simulation in the social sciences: empirical and intentional adequacy of computer programs [J]. *Journal of Artificial Societies & Social Simulation*, 2005, 8 （4）：2

[56] Dawkins R. *The Selfish Gene* 30*Th Anniversary Edition*. 2006

[57] Dugatkin, L. A. & Wilson, D. S. Rover: a strategy for exploiting cooperators in a patchy environment [J]. *American Naturalist*, 1991, 138 （3）：687-701

[58] Du, W. B., Cao, X. B., Zhao, L., *et al*. Evolutionary games on weighted newman – watts small-world networks [J]. *Chinese Physics Letters*, 2009, 26：058701

[59] Duffy, J. Learning to speculate: Experiments with artificial and real agents [J]. *Journal of Economic Dynamics and Control*, 2001, 25 （3-4）：295-319

[60] Efferson, C., Roca, C. P., Vogt, S., *et al*. Sustained cooperation by running away from bad behavior [J]. *Evolution & Human Behavior*, 2015, 274 （1）：1-9

[61] Eguíluz, V. M. & Miguel, M. S. Cooperation and the emer-

gence of role differentiation in the dynamics of social networks ［J］. A-
merican Journal of Sociology, 2007, 110 (4): 977-1008

［62］Eguíluz, V. M., Zimmermann, M. G., Cela-Conde, C. J.,
et al. Cooperation and the emergence of role differentiation in the dynamics
of social networks ［J］. American Journal of Sociology, 2005, 110 (4):
977-1008

［63］Engelmann, D. & Strobel, M. Inequality aversion, efficiency,
and maximin preferences in simple distribution experiments ［J］. Ameri-
can Economic Review, 2004, 94 (4): 857 - 869

［64］Enquist, M. & Leimar, O. The evolution of cooperation in mo-
bile organisms ［J］. Animal Behaviour, 1993, 45 (4): 747-757

［65］Erdos, P. & Renyi, A. On the evolution of random graphs
［J］. Publication of the Mathematical Institute of Hungarian Academy
Ofences, 1960, 38 (1): 17-61

［66］Fehl K, Post D J V D, Semmann D. Co-evolution of behaviour
and social network structure promotes human cooperation ［J］. Ecology
Letters, 2011, 14 (6): 546-51.

［67］Fehr, E. & Fischbacher, U. Why social preferences matter -
the impact of non-selfish motives on competition, cooperation and incen-
tives ［J］. Economic Journal, 2002, 112 (478): 1-33

［68］Flache, A. Individual risk preferences and collective outcomes
in the evolution of exchange networks ［J］. Rationality and Society,
2001, 13 (3): 304-348

［69］Fosco, C. & Mengel, F. Cooperation through imitation and ex-
clusion in networks ［J］. Journal of Economic Dynamics and Control,
2011, 35 (5): 641-658

［70］Fowler, J. H. & Christakis, N. A. Cooperative behavior cas-
cades in human social networks ［J］. Proceeding of the National Academy
of Sciences of the United States of America, 2009, 107 (12): 5334-5338

[71] Friedman, J. W. A non - cooperative equilibrium for super-games: a correction [J] . *Review of Economic Studies*, 1973, 40 (3): 435 - 435

[72] Fudenberg, D. & Maskin, E. The folk theorem in repeated games with discounting or with incomplete information [J] . *Econometrica*, 1986, 54 (3): 533 - 554

[73] Fu, F. , Chen, X. , Liu, L. , et al. Promotion of cooperation induced by the interplay between structure and game dynamics [J] . *Physica A*, 2007 (a), 383: 651-659

[74] Fu, F. , Hauert, C. , Nowak, M. A. , et al. Reputation - based partner choice promotes cooperation in social networks [J] . *Physical Review E*, 2008, 78 (2): 026117

[75] Fu, F. , Liu, L. H. & Wang, L. Evolutionary prisoner's dilemma on heterogeneous newman-atts small-world network [J] . *The European Physical Journal B*, 2007, 56 (4): 367-372

[76] Fu, F. & Nowak, M. A. Global migration can lead to stronger spatial selection than local migration [J] . *Journal of Statistical Physics*, 2013: 1-17

[77] Galeotti A, Goyal S, Jackson M O, 等 . Network Games [J] . *Review of Economic Studies*, 2010, 77 (1): 218-244

[78] Gintis, H. , Bowles, S. , Boyd, R. , et al. Explaining altruistic behavior in humans [J] . *Evolution and Human Behavior*, 2003, 24 (3): 153-172

[79] Gould, S. J. The Origins of Order: Self-Organization and Selection in Evolution [J] . *Journal of Evolutionary Biology*, 1992, 13 (1): 133-144

[80] Goyal, S. & Vega-Redondo, F. Network rormation and social co-ordination [J] . *Games and Economic Behavior*, 2005, 50 (2): 178-207

[81] Gracia-Lázaro, C. , Ferrer, A. , Ruiz, G. , et al. Heterogene-

ous networks do not promote cooperation when humans play a prisoner's dilemma [J]. *Proceeding of the National Academy of Sciences of the United States of America*, 2012, 109 (32): 12922-6

[82] Gramlich, E. & Laren, D. Migration and Income Redistribution Responsibilities [J]. *The Journal of Human Resources*, 1984, 19: 489-511

[83] Granovetter, M. Economic action and social structure: the problem of embeddedness [J]. *American Journal of Sociology*, 1985, 91 (3): 481-450

[84] Granovetter, M. S. The strength of weak ties [J]. *American Journal of Sociology*, 1973, 78 (6): 1360-1380

[85] Grujić, J., Fosco, C., Araujo, L., *et al.* Social experiments in the mesoscale: humans playing a spatial prisoner's dilemma [J]. *Plos One*, 2010, 5 (1): e13749

[86] Grund, T., Waloszek, C. & Helbing, D. How natural selection can create both self- and Other-Regarding preferences, and networked minds [J]. *Scientific Reports* 3, 2013, 1480

[87] Güth, W., Schmittberger, R. & Schwarze, B. An experimental analysis of ultimatum bargaining [J]. *Journal of Economic Behavior and Organization*, 1982, 3: 367-388

[88] Gylling, K. C. & Brännström, A. Effects of relatedness on the evolution of cooperation in nonlinear public goods games [J]. *Games*, 2018, 9 (4): 1-13

[89] Gyö, S. R. & Toke, A. C. Evolutionary prisoner's dilemma game on a square lattice [J]. *Physical Review E*, 1998, 58 (1): 69-73

[90] Hadzibeganovic, T., Lima, F. W. S. & Stauffer, D. Benefits of memory for the evolution of tag-based cooperation in structured populations [J]. *Behavioral Ecology and Sociobiology*, 2014, 68 (7): 1059-1072

[91] Hagel, K., Chakra, M. A., Bauer, B., *et al.* Which risk

scenarios can drive the emergence of costly cooperation? ［J］. *Scientific Reports*, 2016, 6

［92］Hagmann, D. & Tassier, T. Endogenous movement and equilibrium selection in spatial coordination games ［J］. *Computational Economics*, 2013: 1-17

［93］Hamilton, W. D. The genetical evolution of social behavior. I. ［J］. *Journal of Theoretical Biology*, 1964, 7 (1): 1-16

［94］Hanaki, N., Peterhansl, A., Dodds, P. S., *et al*. Cooperation in evolving social networks ［J］. *Management Science*, 2007, 53 (7): 1036-1050

［95］*Handbook of computational economics: agent - based computational economics* ［M］. Elsevier, 2006.

［96］Hauert, C. & Doebeli, M. Spatial structure often inhibits the evolution of cooperation in the snowdrift game ［J］. *Nature*, 2004, 428 (6983): 643-646

［97］Hauert, C., Traulsen, A., Brandt, H., *et al*. Via freedom to coercion: the emergence of costly punishment ［J］. *Science*, 2007, 316: 1905-7

［98］Helbing, D. & Yu, W. Migration as a mechanism to promote cooperation ［J］. *Advances in Complex Systems*, 2008, 11 (04): 641-652

［99］Helbing, D. & Yu, W. The outbreak of cooperation among success-driven individuals under noisy conditions ［J］. *Proceedings of the National Academy of Sciences*, 2009, 106 (10): 3680-3685

［101］Henry, A. D. & Vollan, B. Risk, networks, and ecological explanations for the emergence of cooperation in commons governance ［J］. *Rationality Markets & Morals*, 2012, 3

［102］Hoffman, E., McCabe. K. & Smith, V. L. Social Distance and Other-regarding Behavior in Dictator Games ［J］. *American Economic Review*, 1996, 653-660

[103] Horvath, G. , Kovářík, J. & Mengel, F. Limited memory can be beneficial for the evolution of cooperation [J] . *Journal of theoretical biology*, 2012, 300: 193-205

[104] Ichinose, G. , Saito, M. & Sayama, H. Adaptive long-range migration promotes cooperation under tempting conditions [J] . *Scientific Reports*, 2013, 3: 2509

[105] Iyer, S. & Killingback, T. Evolution of cooperation in social dilemmas on complex networks [J] . *PLoS computational biology*, 2016, 12 (2): e1004779.

[106] Izquierdo, L. R. , Izquierdo, S. S. & Vega – Redondo, F. Leave and let leave: A sufficient condition to explain the evolutionary emergence of cooperation [J] . *Journal of Economic Dynamics and Control*, 2014, 46 (0): 91 – 113

[107] Jackson, M. O. *Social and economic networks* [M] . Princeton: Princeton

[108] Jackson, M. O. & Watts, A. On the formation of interaction networks in social coordination games [J] . *Games and Economic Behavior*, 2002, 41 (2): 265-291

[109] Jackson, M. O. & Wolinsky, A. A strategic model of social and economic networks [J] . *Journal of Economic Theory*, 1996, 71 (1): 44-74

[110] Jackson, M. O. & Yariv, L. Diffusion of behavior and equilibrium properties in network games [J] . *The American Economic Review*, 2007: 92-98

[111] Jaeger, D. A. , Dohmen. T. , Falk, A. , et al. Direct evidence on risk attitudes and migration [J] . *The Review of Economics and Statistics*, 2010, 92 (3): 684-689

[112] Jong G. F. D. , Graefe D. R. & Pierre T. S. Welfare reform and interstate migration of poor families [J] . *Demography*, 2005, 42

（3）：469-496

［113］Jordan, J. J. , Hoffman, M. , Bloom, P. , *et al.* Third-party punishment as a costly signal of trustworthiness ［J］. *Nature*, 2016, 530 （7591）：473

［114］Kiesling E , Markus Günther, Stummer C , 等. Agent-based simulation of innovation diffusion：a review ［J］. *Central European Journal of Operations Research*, 2012, 20 （2）：183-230

［115］Killingback, T. & Doebeli, M. Spatial evolutionary game theory：hawks and doves revisited ［J］. *Proceedings of the Royal Society of London*, 1996, 263 （1374）：0-1144

［116］Lane, D. A. Artificial worlds and economics, part I ［J］. *Journal of Evolutionary Economics*, 1993, 3 （2）：89-107

［117］Lazer, D. The co-evolution of individual and network ［J］. *Journal of Mathematical Sociology*, 2001, 25 （1）：69-108

［118］Lin, H. , Yang, D. P. & Shuai, J. W. Cooperation among mobile individuals with payoff Expectations in the spatial prisoner's dilemma game ［J］. *Chaos, Solitons & Fractals*, 2011, 44 （1）：153-159

［119］Little, I. M. D. *Social choice and individual values* ［M］. New Haven：Yale University Press, 2012

［120］Liu, R. R. , Jia, C. X. , Zhang, J. , *et al.* Age-related vitality of players promotes the evolution of cooperation in the spatial prisoner's dilemma game ［J］. *Physica A：Statistical Mechanics and its Applications*, 2012, 391 （18）：4325-4330

［121］Liu, Y. K. , Chen, X. J. , Zhang, L. , *et al.* Does migration cost influence cooperation among success-driven individuals ［J］. *Chaos, Solitons & Fractals*, 2012, 45 （11）：1301-1308

［122］Liu, Y. K. , Li, Z. , Chen, X. J. , *et al.* Payoff-based accumulative effect promotes cooperation in spatial prisoner′s dilemma ［J］. *Chinese Physics B*, 2010, 19 （9）：090203

[123] Li, Y. , Min, Y. , Zhu, X. , *et al.* Partner switching promotes cooperation among myopic agents on a geographical plane [J] . *Physical Review E Statistical Nonlinear & Soft Matter Physics*, 2013, 87 (2): 815-818

[124] Lopez-Pintado, D. & Watts, D. J. Social influence, binary decisions and collective dynamics [J] . *Rationality and Society*, 2008, 20 (4): 399-443

[125] Lu, K. , Wu, B. , Li, M. C. , *et al.* Other-regarding preference causing ping-pong effect in self-questioning game [J] . *Chaos, Solitons & Fracta*, 2014, 59: 51-58

[126] Macal, C. M. & North, M. J. Tutorial on agent-based modelling and simulation [J] . *Journal of Simulation*, 2010, 4 (3): 151-162

[127] Macy, M. W. & Skvoretz, J. The evolution of trust and cooperation between strangers: a computational model [J] . *American Sociological Review*, 1998: 638-660

[128] Marshall, A. *Principles of economics (8th Edition)* [M]. London: Macmillan, 1948

[129] Maynard, S. J. & Price, G. R. The logic of animal conflict [J] . *Nature*, 1973, 246: 15-18

[130] Melamed, D. , Simpson, B. Strong ties promote the evolution of cooperation in dynamic networks [J] . *Social networks*, 2016, 45: 32-44

[131] Midgleg J. *Social welfare in global context* [M] . London: Sgeg Press, 1997

[132] Mollona, E. Computer simulation in social sciences [J] . *Journal of Management & Governance*, 2008, 12 (2): 205-211

[133] Mytna, K. L. The Role of Welfare Systems in Affecting Out-Migration: The Case of Central and Eastern Europe [J] . *Ssrn Electronic Journal*, 2011, 46: 1-31

[134] Newman, M. E. J. The structure and function of complex

networks ［C］. *Siam Review*, 2006, 45 (2): 167-256

［135］ Nowak, M. A. Evolutionary dynamics: exploring the equations of life ［J］. *Best Seller*, 2007, 82 (03)

［136］ Nowak, M. A., Bonhoeffer, S. & May, R. M. Spatial games and the maintenance of cooperation ［J］. *Proceedings of the National Academy of Sciences of the United States of America*, 1994, 91 (11): 4877-81

［137］ Nowak, M. A. Five rules for the evolution of cooperation ［J］. *Science*, 2006, 314 (5805): 1560-1563

［138］ Nowak, M. A. & May, R. M. Evolutionary games and spatial chaos ［J］. *Nature*, 1992, 359 (6398): 826-829

［139］ Nowak, M. A. & Sigmund, K. Evolution of indirect reciprocity ［J］. *Nature*, 1998, 437 (7063): 1291-8

［140］ Nowak, M. *Evolutionary Dynamics: Exploring the Equations of Life* ［M］. Cambridge, M A: Harvard University Press, 2006

［141］ Nowak, M. & Sigmund, K. A strategy of win-stay, lose-shift that outperforms tit-for-tat in the Prisoner's Dilemma game ［J］. *Nature*, 1993, 364 (6432): 56-8

［142］ Ogasawara, T., Tanimoto, J., Fukuda, E., et al. Effect of a large gaming neighborhood and a strategy adaptation neighborhood for bolstering network reciprocity in a prisoner's dilemma game ［J］. *Journal of Statistical Mechanics: Theory and Experiment*, 2014, 2014 (12): 12024

［143］ Ohtsuki, H., Hauert, C., Lieberman, E., et al. A simple rule for the evolution of cooperation on graphs and social networks ［J］. *Nature*, 2006, 441 (7092): 502-505

［144］ Orbell, J. M. & Dawes, R. M. Social welfare, cooperators' advantage, and the option of not playing the game ［J］. *American Sociological Review*, 1993, 58 (6): 787 - 800

［145］ O´Riordan, C. Cunningham, A. & Sorensen, H. Emergence of cooperation in N - player games on small world networks ［J］.

Alife, 2008

[146] Paulin J, Calinescu A, Wooldridge M. Understanding flash crash contagion and systemic risk: A micro ‑ macro agent-based approach [J] . *Journal of Economic Dynamics and Control*, 2019, 100: 200-229

[147] Pegoretti G. An agent-based model of innovation diffusion: network structure and coexistence under different information regimes [J] . *Journal of Economic Interaction & Coordination*, 2012, 7 (2): 145-165

[148] Perc, M. & Szolnoki, A. Coevolutionary games-a mini review [J] . *BioSystems*, 2010 (a), 99 (2): 109-125

[149] Perc, M. & Wang, Z. Heterogeneous aspirations promote cooperation in the prisoner's dilemma game [J] . *PLoS One*, 2010 (b), 5: e1511

[150] Pujol, J. M. , Flache, A. , Delgado, J. , *et al.* How can social networks ever become complex? modelling the emergence of complex networks from local social exchanges [J] . *Journal of Artificial Societies & Social Simulation*, 2005, 8 (4): 12

[151] Qin, S. M. , Chen, Y. , Zhao, X. Y. , *et al.* Effect of memory on the prisoners dilemma game in a square lattice [J] . *Physical Review E*, 2008, 78 (4): 041129

[152] Rand, D. G, Arbesman, S. & Christakis, N. A. Dynamic social networks promote cooperation in experiments with humans [J] . *Proceeding of the National Academy of Sciences of the United States of America*, 2011, 108: 19193-8

[153] Raub, W. & Snijders, C. Gains, losses, and cooperation in social dilemmas and collective action: the effects of risk preferences [J] . *Journal of Mathematical Sociology*, 1997, 22 (3): 263-302

[154] Realpe-Gómez, J. , Vilone, D. , Andrighetto, G. , *et al.* Learning dynamics and norm psychology supports human cooperation in a

large‐scale Prisoner's Dilemma on networks ［J］. *Games*, 2018, 9 (4): 90

［155］ Roca, C. P., Cuesta, J. A. & Sanchez, A. Evolutionary game theory: temporal and spatial effects beyond replicator dynamic ［J］. *Physics of Life Reviews*, 2009, 6: 208-249

［156］ Roca, C. P. & Helbing, D. Emergence of social cohesion in a model society of greedy, mobile individuals ［J］. *Proceedings of the National Academy of Sciences*, 2011, 108 (28): 11370-11374

［157］ Rong, Z. H, Li, X. & Wang, X. F. Roles of mixing patterns in cooperation on a scale‐free networked game ［J］. *Physical Review E*, 2007, 76: 027101

［158］ Sally, D. On sympathy and games ［J］. *Journal of Economic Behavior & Organization*. 2001, 44 (1): 1-30

［159］ Sanchez, A. Physics of human cooperation: experimental evidence and theoretical models ［J］. *Journal of Statistical Mechanics: Theory and Experiment*, 2018, 2018 (2): 024001.

［160］ Santos, F. C. & Pacheco, J. M. A new route to the evolution of cooperation ［J］. *Journal of Evolutionary Biology*, 2006 (c), 19 (3): 726-733

［161］ Santos, F. C., Pacheco, J. M. & Lenaerts, T. Evolutionary dynamics of social dilemmas in structured heterogeneous populations ［J］. *Proceedings of the National Academy of Sciences of the United States of America*, 2006 (a), 103 (9): 3490-3494

［162］ Santos, F. C. & Pacheco, J. M. Scale‐free networks provide a unifying framework for the emergence of cooperation ［J］. *Physical Review Letters*, 2005, 95 (9): 098104

［163］ Santos, F. C., Pinheiro, F. L., Lenaerts, T., *et al*. The role of diversity in the evolution of cooperation ［J］. *Journal of Theoretical Biology*, 2012, 299: 88-96

[164] Santos, F. C, Rodrigues, J. F. & Pacheco, J. M. Graph topology plays a determinant role in the evolution of cooperation [J]. *Proceedings of the Royal Society of London B: Biological Sciences*, 2006 (b), 273 (1582): 51-55

[165] Santos, F. C. , Santos, M. D. & Pacheco, J. M. Social diversity promotes the emergence of cooperation in public goods games [J]. *Nature*, 2008, 454 (7201): 213-216

[166] Segbroeck, S. V. , Santos, F. C. , Pacheco, J. M. , *et al.* Coevolution of cooperation, response to adverse social ties and network structure [J]. *Games*, 2010, 1 (3): 317-337

[167] Seltzer, N. & Smirnov, O. Degrees of separation, social Learning, and the evolution of cooperation in a small – world network [J]. *Journal of Artificial Societies & Social Simulation*, 2015, 18 (4)

[168] Shigaki, K. , Tanimoto, J. , Wang, Z. , *et al.* Referring to the social performance promotes cooperation in spatial prisoner's dilemma games [J]. *Physical Review E*, 2012, 86 (3 Pt 1): 031141

[169] Sicardi, E. A. , Fort, H. , Vainstein, M. H. , *et al.* Random mobility and spatial structure often enhance cooperation [J]. *Journal of Theoretical Biology*, 2009, 256 (2): 240-246

[170] Skyrms, B. & Pemantle, R. A dynamic model of social network formation [J]. *Proceedings of the National Academy of Sciences of the United States of America*, 2000, 97 (16): 9340-9346

[171] Smaldino, P. E. & Schank, J. C. Movement patterns, social dynamics, and the evolution of cooperation [J]. *Theoretical Population Biology*, 2012, 82 (1): 48-58

[172] Smith, J. M. *Evolution and the theory of games* [M]. Cambridge: Cambridge University Press, 1982

[173] Smith, J. M. & Price, G. R. The logic of animal conflict [J]. *Nature*, 1973, 246: 15-18

[174] Snarr, H. W. , Friesner, D. & Burkey M L. Unintended migration consequences of US welfare reform [J] . *Economic Analysis & Policy*, 2011, 41 (3): 233-252

[175] Snijders, C. & Raub, W. Revolution and risk: paradoxical consequences of risk aversion in interdependent situations DRAFT - comments appreciated [J] . *Rationality & Society*, 1998, 10 (4): 405-425

[176] Suri, S. & Watts, D. J. Cooperation and contagion in web-based, networked public goods experiments [J] . *PLoS One*, 2011, 6: e16836

[177] Suzuki, S. & Kimura, H. Oscillatory dynamics in the coevolution of cooperation and mobility [J] . *Journal of Theoretical Biology*, 2011, 287 (1): 42-47

[178] Szabó, G. & Szolnoki, A. Selfishness, Fraternity, and Other-regarding Preference in Spatial Evolutionary Games [J] . *Journal of Theoretical Biology*, 2012, 299: 81-87

[179] Szabó, G. & Töke, C. Evolutionary prisoner's dilemma game on a square Lattice [J] . *Physical Review E*, 1998, 58 (1): 69-73

[180] Szolnoki, A. , Perc, M. & Danku, Z. Towards effective payoffs in the prisoner's dilemma game on scale - free networks [J] . *Physica A: Statistical Mechanics and its Applications*, 2008 (a), 387 (8): 2075-2082

[181] Szolnoki, A. & Perc, M. Promoting cooperation in social dilemmas via simple coevolutionary rules [J] . *The European Physical Journal B*, 2009, 67 (3): 337-344

[182] Szolnoki, A. , Perc, M. , Szabó, G. , et al. Impact of aging on the evolution of cooperation in the spatial prisoner's dilemma game [J] . *Physical Review E*, 2009 (a), 80: 021901

[183] Takesue H. Roles of mutation rate and co-existence of multiple strategy updating rules in evolutionary prisoner's dilemma games

[J] . *arXiv preprint arXiv:* 1903. 09570, 2019

[184] Tanimoto, J. Correlated asynchronous behavior updating with a mixed strategy system in spatial prisonerł dilemma games enhances cooperation [J] . *Chaos, Solitons & Fractals*, 2015, 80: 39-46

[185] Tanimoto, J. & Sagara, H. Relationship between dilemma occurrence and the existence of a weakly dominant strategy in a two - player symmetric game [J] . *BioSystems*, 2007, 90 (1): 105 – 114

[186] Tesfatsion, L. Agent-based computational economics: Growing economies from the bottom up [J] . *Artificial life*, 2002, 8 (1): 55-82

[187] Tesfatsion, L. *Introduction to the special issue on agent-based-computational economics* [M] . Princeton: Princeton University Press, 2006

[188] Tesfatsion, Leigh, and Kenneth L. Judd, eds. *Handbook of computational economics: agent - based computationaleconomics.* Vol. 2. Elsevier, 2006

[189] Tricomi, E. , Rangel, A. , Camerer, C. F. , *et al.* Neural evidence for inequality - averse social preferences [J] . *Nature*, 2010, 463 (7284): 1089-1091

[190] Trivers, R. L. The evolution of reciprocal altruism [J] . *Quarterly Review of Biology*, 1971, 46: 35 – 57

[191] Tsukamoto, E. & Shirayama, S. Influence of the variance of degree distributions on the evolution of cooperation in complex networks [J] . *Physica A: Statistical Mechanics and its Applications*, 2010, 389 (3): 577-586

[192] Ule, A. *Partner choice and cooperation in networks: theory and experimental evidence* [C] . West - Berlin: Springer Science Company, 2008

[193] Utkovski, Z. , Stojkoski, V. , Basnarkov, L. , 等 . Promoting cooperation by preventing exploitation: The role of network structure

[J]. *Physical Review E*, 2017, 96 (2): 022315

[194] Vainstein, M. H., Silva, A. T. C. & Arenzon, J. J. Does mobility decrease cooperation [J]. *Journal of Theoretical Biology*, 2007, 244 (4): 722-728

[195] Valente T W. Network models of the diffusion of innovations [J]. *Computational & Mathematical Organization Theory*, 1996, 2 (2): 163-164

[196] Vega-Redondo, F., Marsili, M. & Slanina, F. Clustering, cooperation, and search in social networks [J]. *Journal of the European Economic Association*, 2005, 3 (2-3): 628-638

[197] Wang, L., Xia, C. Y, Wang, L., *et al*. An evolving stag-hunt game with elimination and reproduction on regular lattices [J]. *Chaos, Solitons & Fractals* 2013, 56: 69-76

[198] Wang, X., Perc, M., Liu, Y., *et al*. Beyond pairwise strategy updating in the prisoner's dilemma game [J]. *Scientific Reports*, 2012, 2: 740

[199] Wang, Z., Chen, T. Y., Wang, X. P., *et al*. Evolution of cooperation among mobile agents with different influence [J]. *Physica A*, 2013, 392: 4655-4662

[200] Wang, Z, Du W B, Cao X B, *et al*. Integrating neighborhoods in the evaluation of fitness promotes cooperation in the spatial prisoner's dilemma game [J]. *Physica A Statistical Mechanics & Its Applications*, 2010, abs/1012. 5499 (7): 1234-1239

[201] Wang, Z., Kokubo, S., Tanimoto, J., *et al*. Insight into the so-called spatial reciprocity [J]. *Physical Review E*, 2013, 88 (4): 042145

[202] Wang, Z., Jusup, M., Shi, L., *et al*. Exploiting a cognitive bias promotes cooperation in social dilemma experiments [J]. *Nature communications*, 2018, 9 (1): 2954

[203] Watts, D. J. Six degrees: the science of a connected age [J]. *Reflections*, 2003, 61 (1): 93

[204] Watts, D. J. & Strogatz, S. H. Collective dynamics of 'small-world' networks [J]. *Nature*, 1998, 393: 440-442

[205] Weibull, J. W. *Evolutionary game theory* [M]. Cambridge: The MIT Press, 1997

[206] Weisbuch, G. Complex systems dynamics: an introduction to automata networks [J]. *Advanced Book Program*, 1991

[207] Weisbuch, G., Kirman, A. & Herreiner, D. Market organisation and trading relationships [J]. *The Economic Journal*, 2000, 110 (463): 411-436

[208] Wilensky, U. (1999). Netlogo. Evanston, IL. *Center for Connected Learning and ComputerBased Modeling*, Northwestern University

[209] Wilson, D. S. A theory of group selection [J]. *Proceedings of the National Academy of Sciences of the United States of America*, 1975, 72 (1): 143 - 146

[210] Woodburn, J. Egalitarian societies [J]. *Man*, 1982: 431-451

[211] Wu, T., Fu, F., Zhang, Y., et al. The increased risk of joint venture promotes social cooperation [J]. *Plos One*, 2013, 8 (6): e63801

[212] Wu, Z. X., Xu, X. J., Huang, Z. G., et al. Evolutionary prisoner's dilemma game with dynamic preferential selection [J]. *Physical Review E*, 2006, 74: 021107

[213] Ye, H., Tan, F., Ding, M., et al. Sympathy and punishment: evolution of cooperation in public goods game [J]. *Journal of Artificial Societies & Social Simulation*, 2011, 14 (4): 20

[214] Zhang, C. Y, Zhang, J. L. & Xie, G. M. Evolution of cooperation among game players with non-uniform migration scopes [J]. *Chaos, Solitons & Fractals*, 2014, 59 (2): 103-111

［215］白云涛，郭菊娥，席西民．高层管理团队风险偏好异质性对战略投资决策影响效应的实验研究［J］．南开管理评论，2007，10（2）：25-30

［216］卞曰瑭，李金生，许露．网络协调博弈策略下的股市羊群行为演化模型及仿真［J］．中国管理科学，2017（3）

［217］蔡宁，吴结兵，殷鸣．产业集群复杂网络的结构与功能分析［J］．经济地理，2006（3）

［218］陈锟．基于复杂系统仿真的创新扩散研究述评［J］．外国经济与管理，2009，31（4）：10-14

［219］陈其进．风险偏好对创业选择的异质性影响——基于RUMIC 2009 数据的实证研究［J］．人口与经济，2015，（2）：78-86

［220］陈庆华．无标度网络的建模分析与度分布计算方法［D］．博士学位论文，上海大学，2006

［221］陈叶烽．社会偏好的检验：一个超越经济人的实验研究［D］．博士学位论文，浙江大学，2010

［222］陈银飞，茅宁．涉他偏好理论研究评述［J］．经济问题，2008，（11）：3-7

［223］曹霞，张路蓬，刘国巍．基于社会网络结构的创新扩散动力机制及其仿真研究［J］．运筹与管理，2018，v.27；No.146（05）：153-160

［224］戴建兵，曹艳春．社会福利研究述评［J］．浙江社会科学，2012，（2）：82-90

［225］邓超，陈学军．基于复杂网络的金融传染风险模型研究［J］．中国管理科学，2014，22（11）：11-18

［226］郭心毅，陈斌．涉他偏好效用理论研究述评［J］．现代经济探讨，2009，（1）：81-84

［227］范如国，叶菁，杜靖文．基于 Agent 的计算经济学发展前沿：文献综述［J］．经济评论，2013（2）：145-150

［228］弗里德里希·冯·哈耶克，1988．致命的自负［M］．冯

克利，胡晋华等译．北京：中国社会科学出版社，2000

［229］韩莹，陈国宏，梁娟．产业集群网络结构演化研究［J］．科技管理研究，2015，336（14）：153-159

［230］胡枫和陈玉宇．社会网络与农户借贷行为——来自中国家庭动态跟踪调查（CFPS）的证据［J］．金融研究，2012，（12）：178-192

［231］黄少安，张苏．人类的合作及其演进：研究综述和评论［J］．中国社会科学，2013，7

［232］黄凯南．演化博弈与演化经济学［J］．经济研究，2009，2：132-145

［233］黄璜．合作的逻辑：基于强欺骗策略的演化分析［J］．管理科学学报，2013，16（9）：1-8

［234］卡尔·门格尔，1871．国民经济学原理［M］．刘絜敖译．上海：上海人民出版社，2005

［235］李昊，曹宏铎，邢浩克．基于复杂网络少数者博弈模型的金融市场仿真研究［J］．系统工程理论与实践，2012，32（9）：1882-1890

［236］李群，宣慧玉．基于Agent仿真技术在经济建模中的应用［J］．系统管理学报，2001（3）．

［237］李湘露．复杂网络，演化博弈与制度的演化分析——评《制度演化及其复杂性》一书［J］．经济评论，2012，（3）：157-160

［238］李彦，李开宇，王垒，等．社会福利对移民的城市融入影响研究综述［J］．经济研究导刊，2014，（34）：134-136

［239］李一啸．基于复杂网络和演化博弈理论的社会［D］．博士学位论文，浙江大学，2010

［240］刘晓光，刘晓峰．计算经济学研究新进展——基于Agent的计算经济学透视［J］．经济学动态，2004，（11）：58-61

［231］罗俊，陈叶烽．人类的亲社会行为及其情境依赖性［J］．学术月刊，2015，（6）：15-19

［232］马光荣，杨恩艳．社会网络，非正规金融与创业［J］．经济研究，2011，3：83-94

［233］马莉莉，李泉．中国投资者的风险偏好［J］．统计研究，2011，28（8）：63-72

［234］裴志军．社会网络与经济发展：一个社会资本的理论与实证分析［D］．博士学位论文，浙江大学，2010

［235］石晨曦．有关投资者风险偏好对风险投资决策的影响［J］．合作经济与科技，2014，（13）：78-79

［236］石磊，王瑞武．合作行为的非对称性演化［J］．中国科学：生命科学，2010，40（1）：62-72

［237］王龙，伏锋，陈小杰，等．演化博弈与自组织合作［J］．系统科学与数学，2007，27（3）：330-343

［238］王覃刚．演化经济学中的社会合作的起源问题［J］．经济研究导刊，2010，（16）：3-7

［239］王春超，劳华辉．社会网络经济学模型的特点和演进趋势探析［J］．经济学动态，2014，（3）：115-123

［240］汪丁丁．行为经济学讲义：演化论的视角［M］．上海：上海人民出版社，2011

［241］汪丁丁，罗卫东，叶航．人类合作秩序的起源与演化［J］．社会科学战线，2005，（4）：39-47

［242］王龙，伏锋，陈小杰，等．网络上的演化博弈．智能系统学报［J］．2007，2（2）：1-10

［243］王文宾．演化博弈论研究的现状与展望［J］．统计与决策，2009（3）：158-161

［244］韦倩，姜树广．社会合作秩序何以可能：社会科学的基本问题［J］．经济研究，2013，（11）：140-151

［245］许承明，张建军．社会资本、异质性风险偏好影响农户信贷与保险互联选择研究［J］．财贸经济，2012，（12）：63-70

［246］亚当·斯密，1776．国富论［M］．郭大力和王亚南

译．北京：商务印书馆，2015

[247] 杨汝岱，陈斌开，朱诗娥．基于社会网络视角的农户民间借贷需求行为研究 [J]．经济研究，2011，(11)：116-129

[248] 姚刚，蔡宁，蔡瑾琰，等．焦点企业创业传导与集群升级绿色发展的仿真研究——基于网络视角 [J]．生态经济，2016，32 (5)：38-43

[249] 叶航．超越新古典——新兴经济学理论创新概述 [J]．南方经济，2014，33 (6)：75-85

[250] 叶航．ESS 与人类道德的起源 [N]．经济学消息报，2004-4-23 (4)

[251] 叶航．公共合作中的社会困境与社会正义——基于计算机仿真的经济学跨学科研究 [J]．经济研究，2012，(8)：132-145

[252] 叶航，陈叶烽，贾拥民．超越经济人：人类的亲社会行为与社会偏好 [M]．北京：高等教育出版社，2013

[253] 叶航，汪丁丁，罗卫东．作为内生偏好的利他行为及其经济学意义 [J]．经济研究，2005，(8)：84-94

[254] 易行健，张波，杨汝岱，等．家庭社会网络与农户储蓄行为\基于中国农村的实证研究 [J]．管理世界，2012，(5)：43-51

[255] 张江．基于 Agent 的计算经济学建模方法及其关键技术研究 [D]．博士学位论文，北京交通大学，2006

[256] 张维，赵帅特，熊熊，等．基于计算实验方法的行为金融理论研究综述 [J]．管理评论，2010 (3)

[257] 张维，李根，熊熊，等．资产价格泡沫研究综述：基于行为金融和计算实验方法的视角 [J]．金融研究，2009 (8)：182-193

[258] 张宏娟，范如国．基于复杂网络演化博弈的传统产业集群低碳演化模型研究 [J]．中国管理科学，2014，22 (12)：41-47

[259] 朱富强．三位一体的人类合作之扩展秩序——哈耶克的自生自发秩序原理之述评 [J]．北方法学，2008，02 (3)：12-26

附　录

代码表 1 第 4 章模型代码

```
turtles-own [
    strategy
    payoff

]

to-report randbool
    ifelse random 2 = 1 [report True] [report False]
end

to-report game [leftstrategy rightstrategy]
    ifelse leftstrategy = True
      [ifelse rightstrategy = True
        [report list 1 1]
        [report list 0 b]
    ]
      [
        ifelse rightstrategy = True
          [report list b 0]
```

代码表 1 第 4 章模型代码

```
    [ report list 0. 1 0. 1 ]
  ]
end


to setup
  clear-all
  ask patches [ set pcolor white ]
  ask n-of pop patches [
  sprout 1 [
    set shape " circle"
    set strategy randbool
    set payoff 0
    ifelse strategy = True [ set color red ] [ setcolor blue ]
  ]
  ]


  reset-ticks
end


to interact
  let acpay 0
  ask turtles-on neighbors4
    [
      let payoffs game [ strategy ] of myself strategy
      set acpay acpay + ( item 0 payoffs )
    ]
  set payoff payoff + acpay
end
```

代码表 1 第 4 章模型代码

```
to reset
  set payoff 0
end


to update-async
  let neighbor turtles-on neighbors4
  if any? neighbor [
    let maxpagent max-one-of neighbor [payoff]
    if [payoff] of maxpagent > payoff
      [
        set strategy [strategy] of maxpagent
      ]
  ]
  move

end


to move
  ifelse (all? neighbors4 [not any? turtles-here] )
    [move-to one-of neighbors4]
    [
      let places neighbors4 with [not any? turtles-here]
      if any? places [
        let place one-of places
        if not all? turtles-on neighbors4 [strategy = true]
          [
            if random-float 1 < d * payoff / (payoff + c)
              [move-to place]
```

代码表 1 第 4 章模型代码

```
          ]
        ]
      ]


end


to mutate
    if random-float 1 < pstr
      [
          set strategy randbool
      ]
end


to update-color
    ifelse strategy = True [set color red] [set color blue]
end


to prof
    setup                        ;; set up the model
    profiler: start              ;; start profiling
    repeat 100 [ go ]            ;; run something you want to measure
    profiler: stop               ;; stop profiling
    output-print profiler: report    ;; view the results
    profiler: reset              ;; clear the data
end


to go
    ask turtles [reset]
```

代码表 1 第 4 章模型代码

```
    ask turtles [interact]
    ask turtles [update-async]
    ask turtles [mutate]
    ask turtles [update-color]
    tick
end


to-report fc
    report (count turtles with [strategy = True]) / count turtles
end
```

代码表 2 第 5 章模型代码

```
turtles-own [
  strategy
  payoff
  a
]


to-report randbool
    ifelse random 2 = 1 [report True] [report False]
end


to-report game [leftstrategy rightstrategy]
    ifelse leftstrategy = True
      [ifelse rightstrategy = True
        [report list 1 1]
        [report list 0 b]
```

代码表 2 第 5 章模型代码

```
    ]
    [
      ifelse rightstrategy = True
        [report list b 0]
        [report list 0. 1 0. 1]
    ]
end


to setup
  clear-all
  ask patches [set pcolor white]
  ask n-of pop patches [
    sprout 1 [
      set a random-normal 0. 0 std
      set shape " circle"
      set strategy randbool
      set payoff 0
      ifelse strategy = True [set color blue] [set color red]
      if strategy = True [
        if a < 0 [set color green]
        if a > 0 [set color yellow]
      ]
    ]
  ]

  reset-ticks
end


to interact
```

代码表 2 第 5 章模型代码

```
    let acpay 0
    ask turtles-on neighbors4
      [
        let payoffs game [strategy] of myself strategy
        set acpay acpay + (item 0 payoffs)
      ]
    set payoff payoff + acpay

end


to reset
    set payoff 0

end


to update-async
    let neighbor turtles-on neighbors4
    if any? neighbor [
        let maxpagent max-one-of neighbor [payoff]
        if [payoff] of maxpagent > payoff
          [
              set strategy [strategy] of maxpagent
          ]
      ]
    move

end

to move
```

代码表 2 第 5 章模型代码

```
ifelse ( all? neighbors4 [ not any? turtles-here ]  )
  [ move-to one-of neighbors4 ]
  [
    let places neighbors4 with [ not any? turtles-here ]
    if any? places [
      let place one-of places
      if not all? turtles-on neighbors4 [ strategy = true ]
        [
          if random-float 1 < ( payoff / ( payoff + c )  ) ^ ( 2 ^ a)
            [ move-to place ]
        ]
    ]
  ]



end


to mutate
  if random-float 1 < pstr
    [
      set strategy randbool
    ]
end


to update-color
  ifelse strategy = True [ set color blue ] [ set color red ]
  if strategy = True [
      if a < 0 [ set color green ]
      if a > 0 [ set color yellow ]
```

代码表 2 第 5 章模型代码

```
        ]
end


to prof
  setup                    ; ; set up the model
  profiler: start          ; ; start profiling
  repeat 100 [ go ]        ; ; run something you want to measure
  profiler: stop           ; ; stop profiling
  output-print profiler: report  ; ; view the results
  profiler: reset          ; ; clear the data
end


to go
  ask turtles [ reset ]
  ask turtles [ interact ]
  ask turtles [ update-async ]
  ask turtles [ mutate ]
  ask turtles [ update-color ]
  tick
end


to-report fc
  report ( count turtles with [ strategy = True ] ) / count turtles
end
```

代码表 3 第 6 章模型代码

```
extensions [ profiler]


turtles-own [
```

代码表 3 第 6 章模型代码

```
  strategy
  payoff
  history
  acpayoff
]

patches-own [
  minpayoff
]

to-report randbool
  ifelse random 2 = 1 [ report True ] [ report False ]
end

to-report helpgame [ leftstrategy rightstrategy ]
  ifelse leftstrategy = True
  [ ifelse rightstrategy = True
    [ report list 1 1 ]
    [ report list 0 b ]
  ]
  [
    ifelse rightstrategy = True
    [ report list b 0 ]
    [ report list 0 0 ]
  ]
end

to setup
  clear-all
```

代码表 3 第 6 章模型代码

```
ask patches [ set pcolor white ]
  ask n-of pop patches [
    sprout 1 [
      set shape " circle"
      set history n-values h [ 0 ]
      set strategy randbool
      set payoff 0
      set acpayoff 0
      ifelse strategy = True [ set color blue ] [ set color red ]
    ]
  ]

  reset-ticks
end

to interact
  ; let acpay 0
  ; ask turtles-on neighbors4
  ; [
  ;    let payoffs helpgame [ strategy ] of myself strategy
  ;    set acpay acpay + ( item 0 payoffs )
  ; ]

  set payoff sum [ item 0 helpgame [ strategy ] of myself strategy ] of turtles-on
neighbors4
  ; set payoff payoff + acpay
  set history lput payoff history
  set history remove-item 0 history
end
```

代码表 3 第 6 章模型代码

```
to reset
    set payoff 0

end


to update-async
    let neighbor turtle-set [ [turtles-here] of neighbors4] of patch-here
    if any? neighbor [
        let maxpagent max-one-of neighbor [payoff]
        if [payoff] of maxpagent > payoff
            [
                set strategy [strategy] of maxpagent
            ]
    ]
    mutate
    move
end


to-report iso-elastic [patchset]
    ifelse swf = " R" [
        report min [acpayoff] of turtles-on patchset
    ]
    [
        ifelse swf = " B-N"
        [report reduce * [acpayoff] of turtles-on patchset]
        [report (sum ( [acpayoff] of turtles-on patchset) ) ]


    ]
end
```

代码表 3 第 6 章模型代码

```
to move
    let places neighbors4 with [not any? turtles-here]
    if any? places [
      let place one-of places
      ifelse random-float 1 < gamma
        [move-to place]
        [
          let neighbor turtles-on neighbors4
          ifelse any? neighbor [
            ask patch-here [set minpayoff iso-elastic neighbors4
              ]
            ask place [set minpayoff iso-elastic neighbors4]
            if [minpayoff] of patch-here < [minpayoff] of place
              [
                move-to place
              ]

          ]
          [
            move-to place
          ]
        ]
    ]
end


to mutate
  if random-float 1 < mu
    [
```

续表

代码表 3　第 6 章模型代码

```
        set strategy randbool
    ]
end


to update-color
    ifelse strategy = True [set color blue] [set color red]
end


to prof
    setup                       ;; set up the model
    profiler: start             ;; start profiling
    repeat 100 [ go ]           ;; run something you want to measure
    profiler: stop              ;; stop profiling
    output-print profiler: report   ;; view the results
    profiler: reset             ;; clear the data
end


to go
    ask turtles [reset]


    ask turtles [interact]
    ask turtles [set acpayoff sum history]
    ask turtles [update-async]
    ask turtles [update-color]
    tick
end


to-report fc
    report (count turtles with [strategy = True] ) / count turtles
end
```

索　引

B

背叛策略　36，38，43，53，55

背叛诱惑参数　34，42，57，58，61，70-72，74，79，81，82，84，85，87，89，90，92-96，99-101，103，104，106，107，115，130，133，134

贝尔努利-纳什社会福利函数（Bernoulli-Nash SWF）　110，113，115-120，122，125，126，130，131，135

博弈支付矩阵　33，38，39，41，55，104

博弈收益函数　38

博弈个体　4，30，32，42-44，47-50，68，78，111

C

策略更新　31-34，37，39-42，47，55，56，67，68，74，79，81，82，94，110，111，114，123，125，133

策略模拟　34，37，39，40，56，59，65，94

策略突变　37，39，53，72，83，100，104，114，122，127

策略噪声　73，74，120，122，124，126-131，133-135

D

度分布　9，11，12，23，29，31，104，158

度分布方差　29

F

仿真实验　2-5，7，9，11，13，15-17，19，21，23，25，26，49，74，114，132

费米更新　40，67，68

复制动力学　34，40-42

风险偏好参数　80

风险追逐型　76，78，80，83-85，91，92，94，95，98，101，106，133，134

风险厌恶型　76，78，80，83-85

风险中性　6，54，57，75，76，80，81，83-85，87，91，92，106，133，134

福利函数　6，110，112，113，115-120，122-131，134-136

G

公共品博弈　28-30，38，39，48，78，136

共生演化　4-6，9，28，42，44-46，54，96，104-107，134，136

古典效用主义的社会福利函数（Utilitarian SWF）　110，112，115-120，122，125，126，128，130，131，134，135

规则网络　5，11，13，14，26，29，32-34，70-74，132，133，135

H

合作策略　5，6，28，34，36，38，43-46，54，55，71，78，90，105，106，123，134

合作水平　3，6，29-35，39，41-46，48-50，53，56-75，77-79，81-87，89-107，115-120，122-124，126-135

合作演化　1-6，9，11，15，27-29，31-35，37-39，41-57，59，61-63，65-81，83-91，93-101，103-113，115，117-119，121-123，125，127-133，135，136

合作者团簇　3，72，74，98，132

海龟　20，21

J

计算经济学　5，6，15-17，32，40，44，77，105，110，158，159，161

集群系数　9-11，13，29，69，71，135

近君子，远小人　4-6，51-59，61-63，65-77，79，80，83，93-95，132-135

K

空间状态子图　23，24，65，66，73，97-100，106，110，122-127，130，134，135

L

链接　15，20，21

罗尔斯社会福利函数（Rawlsian SWF）　110，113，115-120，122-128，130，131，134，135

M

莫兰更新　40

N

Netlogo　5，14，15，17-24，56，77，82，105，110，132，138，157

P

平均路径　9-11，13，26，28，31，35，69，71，74，133，135

Q

迁徙速率　6，45，48-52，54，71，80，82，86，91，92，94，95，98，99，106，122，133，134

迁徙机制　3-5，46，47，50-59，61-63，65-69，71-76，78-81，83，84，87，93-96，104，105，108，110，116，117，120，123，126，130，132-135

囚徒困境　1-6，28，29，31-34，36-39，41，45，47，49-53，55-57，73-77，79，81，83，84，86-88，90，100，103-105，110-112，114，120，130-132，134，136

群体密度　21，44，45，49-51，54，57，59-61，64-67，73，81，82，89，99-101，104-106，114-119，122，130，132，134

迁徙成本　6，50-54，57，58，62，63，66-69，71-77，80-82，84，85，89，90，92-100，104，112，132-134，136

S

收益函数　30，38，39，55，56，68，69，74，133

随机网络　11-14，26，34，35，43，73

社会福利　4，6，108-117，119，121-123，125-131，134，158，159

T

他涉偏好　4，6，108-112，130-132，134，135

突变率　40，56-63，66，67，70，72，82，84，85，89-91，93，94，100，104，115

同质性风险偏好　6，77，83，84，86，105，106，133

W

网络结构　3-9，15，21，23-35，37-47，49，52-56，59，62，65，69，77-79，81-83，96，105，106，113，132，134-136，158，159

无标度网络　8，11，13-15，29，31，34，42，135，158

瓦片　20，21

X

小世界网络　5，8，11-14，26，31，34，35，41，69-74，132，133，135

行为经济学　16，132，160

选择强度　40，67，68

Y

演化经济学　2，126，135，159，160

演化博弈　4，5，17，25，28，34-40，43，47，55，105，109，112，114，135，136，159-161

演化过程　6，13，26，28，34，37，40，41，44，52，56-58，67，81，87，97，98，120，130，135

演化动力学　1，36，37，40，56，123

演化均衡　87，106

演化稳定策略　36

异质性风险偏好　6，75，77，78，83，86-88，91，92，105-107，132，134，160

Z

自涉偏好　108

中英文人名对照表

Abram Bergson 亚伯拉罕·伯格森

Adam Douglas Henry 亚当·道格拉斯·亨利

Aileen Marshall 艾琳·马歇尔

Albert-László Barabási 阿尔伯特-拉斯罗·巴拉巴西

Alessandra Cassar 亚历山德拉·卡萨尔

Allouch Nizar 尼扎尔

Amaral Marco 阿马尔·马克·

Andrew Colman 安德鲁·科尔曼

Angus S 安格斯

Anna Cardillo 安娜·卡蒂略

Antonioni, Alberto 安东尼奥·阿尔贝托

Armen A. Alchian 阿尔曼·阿尔奇安

Arnaud Banos 阿诺德·巴诺斯

Bala Venkatesh 巴拉·温卡特

Batista, Catia 巴蒂斯塔·卡提亚

Bednarik P. 贝德纳里克·P

Brian Skyrms 布莱恩·斯科姆斯

Burt Ronald . 伯特·罗纳德

Brian Cushing 布莱恩·库欣

Carlos P. Roca 卡洛斯·洛卡

C. Athena Aktipis 雅典娜·阿克提普斯

Christoph Hauert 克里斯托夫·霍尔

Chris Snijders 克瑞斯·斯尼德斯

Christoph Hauert 克里斯托夫·霍尔特

Colin F. Camerer 科林·卡莫尔

Coder Kira 柯德尔·基拉

Daniel Villatoro 丹尼尔·维拉托罗

Daron Acemoglu 德隆·阿西莫格鲁

David A. Jaeger 大卫·耶格

David A. Lane 大卫·莱恩

David J. Cooper 大卫·库珀

David Hagmann 大卫·哈格曼

David G, Rand 大卫·兰德

David Lazer 大卫·拉泽尔

David Melamed 大卫·梅拉梅德

David Nuno 大卫·努诺

David Sally 大卫·萨利

David Sloan Wilson 大卫·斯隆·威尔逊

Dirk Helbing 德克·赫布林

Dugatkin, Lee Alan 杜加特金·李·艾伦

Duncan J. Watts 邓肯·沃茨

Ennio Bilancini 埃尼奥·比兰西尼

Edoardo Mollona 爱德华多·莫罗纳

Edward M. Gramlich 爱德华·格兰里奇

Ei Tsukamoto 冢本英一

Elizabeth Tricomi 伊丽莎白·特里克米

Eric Abrahamson 埃里克·亚伯拉罕森

Estrella A. Sicardi 埃斯特里·西卡尔迪

Fernando Vega-Redondo 费尔南多·维加·雷东多

Francisco C. Santos 弗朗西斯科·桑托斯

Gary Charness 加里·查尔内斯

Gergely Horváth 盖里·霍尔斯

Giangiacomo Bravo 詹贾科莫·布拉沃

Giovanni Pegoretti 乔瓦尼·佩戈雷蒂

Gordon F. De Jong 戈登·德·琼

Gracia-Lazaro C. 格雷西亚-拉扎罗

György Szabó 乔治·萨博

Hal W. Snarr 哈尔·斯纳尔

Herbert Gintis 赫伯特·金迪斯

Hisashi Ohtsuki 小泉纯一郎

I. M. D. Little　I. M. D·利特尔

James S. Coleman 詹姆斯·科尔曼

James Woodburn 詹姆斯·乌德伯恩

Jason Barr 贾森·巴尔

Jelena Grujić 杰丽娜·格鲁吉克

John Duffy 约翰·达菲

John Maynard Smith 约翰·梅纳德·史密斯

John M. Orbell 约翰·奥贝尔

John Realpe-Gómez 约翰·雷普-戈麦斯

Jillian J. Jordan 吉莉恩·乔丹

Josep M. Pujol 乔瑟普·普约尔

Keizo Shigaki 谷本太郎

Kevin A. McCabe 凯文·麦卡比

Kristin Hagel 克莉丝汀·哈格尔

Luis Izquierdo 路易斯·伊斯基耶多

Lucia Mytna Kurekova 卢西亚·米特纳·库雷科娃

Marcel van Assen 马塞尔·范阿森

Mark Granovetter 马克·格兰诺维特

Martina Nowak 马丁·诺瓦克

Matjaz Perc 马加兹·佩尔

Matthew Jackson 马修·杰克逊

Mendeli H. Vainstein 孟德尔·瓦因斯坦

Michael D. Cohen 迈克尔·科恩

Michael W. Macy 迈克尔·梅西

Nicholas Seltzer 尼古拉斯·赛尔策

Nobuyuki Hanaki 铃木幸子

Paul E. Smaldino 保罗·斯马蒂诺

Peter Hamilton 皮特·汉密尔顿

R Axelrod　R·阿克塞尔罗德

Rebecca M. Blank 瑞贝卡·布兰克

Samuel Bowles 塞缪尔·鲍尔斯

Sánchez Angel 桑切斯·安吉尔

Sanjeev Goyal 桑吉夫·戈伊尔

Shinsuke Suzuki 铃木新介

Smith, J. Mayanrd 史密斯·J·马扬德

Suri, Siddharth 苏里·西达斯

Sven Van Segbroeck 斯文·范·塞布洛克

Swami Iyer 斯瓦米·伊耶

Szolnoki, Attila 索尔诺基·阿蒂拉

Tanimoto Jun 谷本润

Takashi Ogasawara，小笠原隆

Tarik Hadzibeganovic 塔里克·哈奇贝加诺维奇

Tesfatsion, Leigh 特斯法辛·利

Thomas W. Valente 托马斯·瓦伦特

Thomas Grund 托马斯·格伦德

Trivers Robert L. 特里弗斯·罗伯特

Ule AljaEs 奥利亚

Utkovski Z. 尤特科夫斯基

Uri Wilensky 乌里·威伦斯基

Víctor M. Eguíluz 维克特·埃金

Weibull Jörgen 温布尔·乔根

Weisbuch, Gerard 韦斯布奇·杰拉德

Werner Güth 沃纳·戈斯

Werner Raub 沃纳·劳布

Yann Bramoullé 亚恩·布拉穆尔

图书在版编目（CIP）数据

人类合作之谜新解：基于社会网络与仿真实验的研
究 / 李燕著；叶航，卢新波主编 . — 杭州：浙江大学
出版社，2020.6
（行为经济学研究方法与实例）
ISBN 978-7-308-20453-8

Ⅰ.①人… Ⅱ.①李…②叶…③卢… Ⅲ.①行为经济学—研究
Ⅳ.①F069.9

中国版本图书馆 CIP 数据核字（2020）第 143826 号

人类合作之谜新解：基于社会网络与仿真实验的研究
李 燕 著

责任编辑	叶 敏	
责任校对	杨利军	汪 潇
装帧设计	罗 洪	
出版发行	浙江大学出版社	
	（杭州天目山路 148 号 邮政编码 310007）	
	（网址：http:// www.zjupress.com）	
排 版	北京辰轩文化传媒有限公司	
印 刷	浙江印刷集团有限公司	
开 本	635mm×965mm 1/16	
印 张	12.75	
字 数	172 千	
版 印 次	2020 年 6 月第 1 版 2020 年 6 月第 1 次印刷	
书 号	ISBN 978-7-308-20453-8	
定 价	65.00 元	